JOAB NIST

Heute geschlossen wegen gestern

GOLDMANN
Lesen erleben

Buch

»Lieber Postzusteller! Warum Sie gestern bei mir klingeln und sich von mir die Tür öffnen lassen, um mir dann eine Benachrichtigung in den Briefkasten zu werfen, müssen Sie mir mal bei einem Bier erzählen. Prost! PS. Ich wohne im 1. OG.«

Sie sind kunterbunt, sie sind lustig – und manchmal auch herzzerreißend. Sie begegnen uns auf dem Gehweg, an Laternenmasten, an Telefonzellen und in Schaufenstern, sie liegen auf der Straße oder lehnen am nächsten Hauseingang: die Zettel, die unsere Städte verschönern. Sie sind so vielfältig wie wir selbst und bieten einen unwiderstehlichen Einblick ins wahre Leben. Denn nichts ist lustiger als die Wirklichkeit!

Der Autor

Vor über 10 Jahren hat Joab Nist, 32, seine erste Wohnung in Berlin über einen eigenen Zettelaushang gefunden: mit Ofenheizung, Dusche in der Küche und echten Holzdielen. In Dunkelrotgrau. Seitdem hält er den Zetteln der Stadt seine Treue und sammelt sie, seit 2010 auch mit Unterstützung der vielen Tausend Leser seines Blogs www.notesofberlin.com. Nist hat einen Master-Abschluss in Kulturmanagement an der FU Berlin und arbeitet heute erfolgreich als Blogger, Autor und selbstständiger Konzepter in der Hauptstadt.

Von Joab Nist ist bei Goldmann außerdem erschienen:
Wir duschen am liebsten nackt. Die witzigsten WG-Anzeigen (15800)

Joab Nist

Heute geschlossen wegen gestern

Die kuriosesten Zettel der Stadt

GOLDMANN

Dieses Buch ist auch als E-Book erhältlich.

MIX
Aus verantwortungs-
vollen Quellen
FSC® C005833
www.fsc.org

Verlagsgruppe Random House FSC® N001967
Das FSC®-zertifizierte Papier *Profibulk* von Sappi
für dieses Buch liefert Igepa 2H-Papier.

2. Auflage
Originalausgabe August 2015
Copyright © 2015 by Wilhelm Goldmann Verlag, München,
in der Verlagsgruppe Random House GmbH
Umschlaggestaltung: UNO Werbeagentur, München
Autorenporträt: © Leon Kopplow
DF · Herstellung: Str.
Layout: dtp im Verlag/Str. unter Mitarbeit von Leo Lüders
Druck und Einband: Těšínská tiskárna, a.s., Český Těšín
Printed in Czech Republic
ISBN: 978-3-442-15813-3
www.goldmann-verlag.de

Besuchen Sie den Goldmann Verlag im Netz

Für Berlin

Inhaltsverzeichnis

Vorwort

Der Leidenschaft geschuldet, dass ich schon als kleiner Junge immer gerne Dinge aufbewahrt habe, war es nach unzähligen Postkarten, Briefmarken und Streichhölzern, die mittlerweile säckeweise in meinem Keller lagern, wohl nur eine Frage der Zeit, bis ich wieder auf etwas stoße, das ich sammeln kann. Als ich vor über elf Jahren von München nach Berlin gezogen bin, konnte ich mein Portfolio erweitern: Ich habe angefangen, mich mit Zetteln zu beschäftigen.

Damals kam ich in eine mir völlig fremde Stadt. Mit neugierigen Augen lief ich Tag und Nacht mit meiner Kamera durch die Straßen, immer auf der Suche nach spannenden Motiven. Schon bald fiel mir etwas auf, das mich unglaublich faszinierte und mich seitdem nicht mehr losgelassen hat: ungewöhnliche und unterhaltsame Aushänge, angebracht an Laternenmasten, Stromkästen, Bäumen, in Hausfluren oder an Pinnwänden.

Der erste Zettel, den ich entdeckte, handelte von einem gewissen Felix, den es all seinen »Mut kostete, dich in der Straßenbahn anzusprechen«, der nun eine gewisse Johanna suchte und der »glücklichste Mensch im ganzen Prenzlauer Berg wäre«, wenn sie sich bei ihm melden würde. Über 30 Farbkopien dieses Gesuchs waren an Kreuzungen und in U-Bahnhöfen rund um die Schönhauser Allee angebracht.

Zettel wie die von Felix geben einen tiefen Einblick in eine analoge Alltagskultur, die einem sonst verborgen bleiben würde. Die Aushänge wurden für mich zu einem persönlichen Reiseführer durch die einzelnen Kieze meiner neuen Heimat – und sind dies bis heute geblieben. Nachdem meine Sammlung stetig wuchs, wurde mir eines bewusst: All diese Botschaften und Mitteilungen aus dem öffentlichen Raum sind mehr als nur reine Informationsträger, sie sind Vermittler sozialer Realität. Sie bringen den Ton der Stadt auf den Punkt. Die Zettel sind wie die Menschen, die hier leben: wild, skurril, kreativ, einsam, romantisch, laut, direkt und oftmals auf der Suche nach etwas.

Meinen Beobachtungen zufolge ist Berlin hierzulande das Mekka der Zettelwirtschaft. Und vielleicht sogar weltweit. Die Idee zum Gemeinschaftsblog www.notesofberlin.com ist aus meinem Wunsch heraus entstanden, zusammen mit den Bewohnern, Freunden und Gästen von Berlin so viele Zettel wie möglich zu finden und zu dokumentieren und somit den wahren, den sehr eigenwilligen Charakter unserer Hauptstadt einzufangen. Seit nunmehr fast fünf Jahren senden mir die Leser des Blogs tagtäglich ihre Fundstücke aus allen Ecken Berlins und auch anderen Städten zu und ergänzen somit meine eigene Zettelsuche.

Liebeskummer, Ärger mit den Nachbarn, Wut über den Fahrraddieb, die Hoffnung, das verschwundene Haustier wiederzufinden oder die nervtötende Wohnungssuche – jeder von uns kennt die Themen, um die es auf den Aushängen geht. Häufig kann der Leser die Schicksale, Meinungen und Emotionen der Verfasser direkt nachempfinden. Das ist sicherlich einer der Gründe, warum »Notes of Berlin« in Deutschland zu den am meisten gelesenen Blogs zählt und auch im Ausland eine treue Fangemeinde verzeichnet.

Wer mit offenen Augen durch die Straßen seiner Stadt geht, entdeckt vielleicht auch einmal einen Zettelschatz. Und findet man keinen, ist man mit »Heute geschlossen wegen gestern« bestens versorgt. Viel Spaß beim Stöbern!

Berlin, Sommer 2015

Joab Nist

Einen ganzen

SCHOKO-KUCHEN

als Belohnung !!!

Wir (ein junges Paar) suchen eine
3-4 Zimmer Wohnung mit Balkon,
genau hier im Kiez. Wenn wir einziehen,
backen wir für Dich!

Suche Nebenjob in Club o. Bar

Netter Typ (Ich)
sucht nette
WG (Euch)

Einfach ansprechen ich beiss nich!

Wohnung hier im Kiez wird FREI!

spremberger_wird_frei@

Wem die Information, wo und ab wann (inkl.
öffentlichem Besichtigungstermin) diese 2-
Zimmerwohnung (ca. 58 qm) frei wird,
€ 15,-- wert ist, kann sich per eMail melden.

Für weitere € 20,-- kann man sich –bei Bedarf- auf die
potentielle Interessentenliste für eventuelle
Nachmieter für die Hauseigentümerin setzen lassen!

Da ständig neue Arten des Fundraisings erprobt
werden, kommt der komplette Erlös der Aktion einem
Kinder- und Jugendtheater zugute.

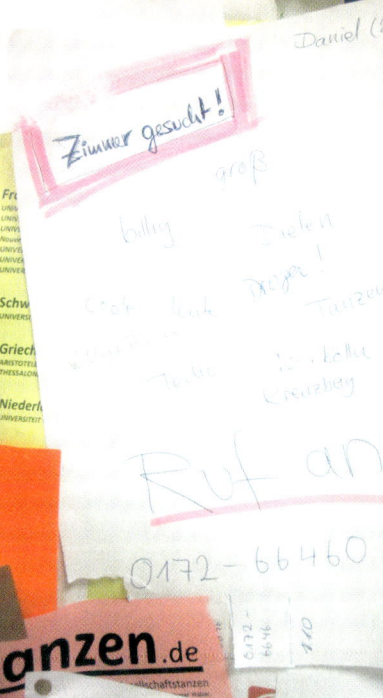

Zimmer gesucht !

Daniel (24

groß

billig

Ruf an

0172 - 66460

tanzen.de

Hi people, Im looking for a room for rent, I'm a 30 years old guy and my budget is 250€. Feel

FREE.

to contact me if you need a flatmate, we can drink a coffee and talk about it. I think it's

HARD

to find a room in this city, so I'm trying other ways to spread the message. I don't mind about the

SEX

gender or age of my flatmates, and I'm a clean and respectful person.
Grab my number if you have that free room available.

Daniel, the flatmate.
0176 69 33
dcampagne@

Daniel, the flatmate.
0176 69 33 (
dcampagne@

Daniel, the flatmate.
0176 69 33 €
dcampagne@

Daniel, the flatmate.
0176 69 33 €
dcampagne@

Daniel, the flatmate.
0176 69 33
dcampagne@

Daniel, the flatmate.
0176 69 33 €
dcampagne@

Daniel, the flatmate.
0176 69 33 66 5/
dcampagne@gmail.com

Daniel, the flatmate.
0176 69 33 66 9/
dcampagne@mail.com

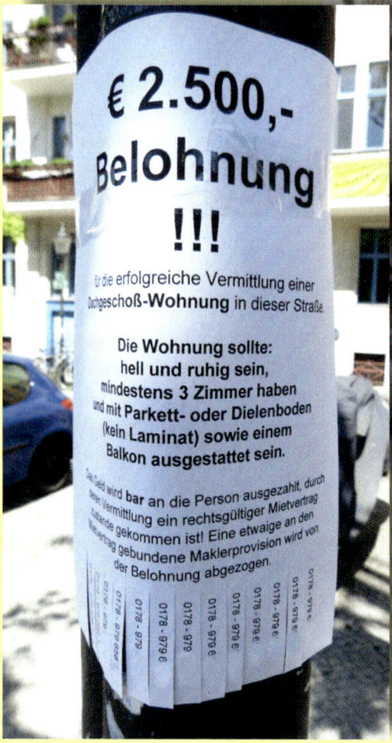

€ 2.500,- Belohnung !!!

für die erfolgreiche Vermittlung einer Dachgeschoß-Wohnung in dieser Straße.

**Die Wohnung sollte:
hell und ruhig sein,
mindestens 3 Zimmer haben
und mit Parkett- oder Dielenboden
(kein Laminat) sowie einem
Balkon ausgestattet sein.**

Das Geld wird **bar** an die Person ausgezahlt, durch deren Vermittlung ein rechtsgültiger Mietvertrag zustande gekommen ist! Eine etwaige an den Vermittler gebundene Maklerprovision wird von der Belohnung abgezogen.

0178 - 979 € / 0178 - 979 € / 0178 - 979 € / 0178 - 979 € / 0178 - 979 €

---

suchen ...

4 Zimmer [minimum 80]

3 Frauen [26, 36, 1]

2 Einkommen

1 Wohnung

4 Zitty-Ausgaben

3 Flaschen Wein

2 Handynummern [0179-1204] [0178-9965]

1 großes **Danke**

... bieten

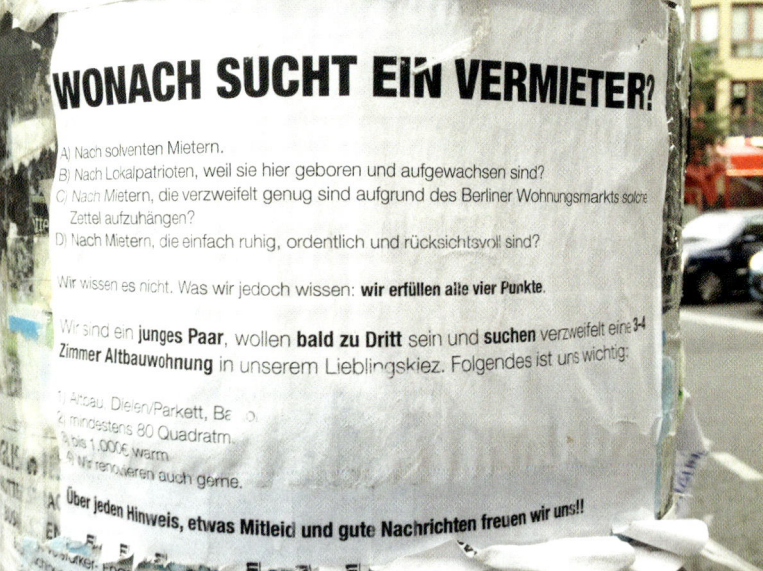

WONACH SUCHT EIN VERMIETER?

A) Nach solventen Mietern.
B) Nach Lokalpatrioten, weil sie hier geboren und aufgewachsen sind?
C) Nach Mietern, die verzweifelt genug sind aufgrund des Berliner Wohnungsmarkts solche Zettel aufzuhängen?
D) Nach Mietern, die einfach ruhig, ordentlich und rücksichtsvoll sind?

Wir wissen es nicht. Was wir jedoch wissen: **wir erfüllen alle vier Punkte.**

Wir sind ein junges Paar, wollen **bald zu Dritt** sein und **suchen** verzweifelt eine 3-4 Zimmer Altbauwohnung in unserem Lieblingskiez. Folgendes ist uns wichtig:

1) Altbau, Dielen/Parkett, Balkon
2) mindestens 80 Quadratm.
3) bis 1.000€ warm
4) Wir renovieren auch gerne.

Über jeden Hinweis, etwas Mitleid und gute Nachrichten freuen wir uns!!

WOHNUNG GESUCHT

Guten Tag;

gibt es noch "Vermieter mit Herz? die sich noch den / die Menschen anschauen? oder geht es nur noch um das Schriftliche..... ? Schade! Alleinerziehende Mutter sucht 2 -3 Zimmer Wohnung zu Miete. Leider gibt es negative Schufa Einträge - was jedoch nicht bedeutet dass wir unsere Miete nicht zahlen (möchte mit meinem Kind - trotz Schulden - ein geregeltes Leben und nicht auf der Straße sitzen!) Außerdem bin ich Vorbild für meine Tochter ......
Derzeit beziehe ich Alg2 .Und will wieder ins Arbeitsleben.
Mehr würde ich gern bei einem persönlichen Gespräch von mir / uns erzählen.
Ich freue mich auf Ihre Zuschriften und Tips
Danke :)

Ich bitte um Mithilfe

**Antworten an:
wohnungssucheberlin
@**

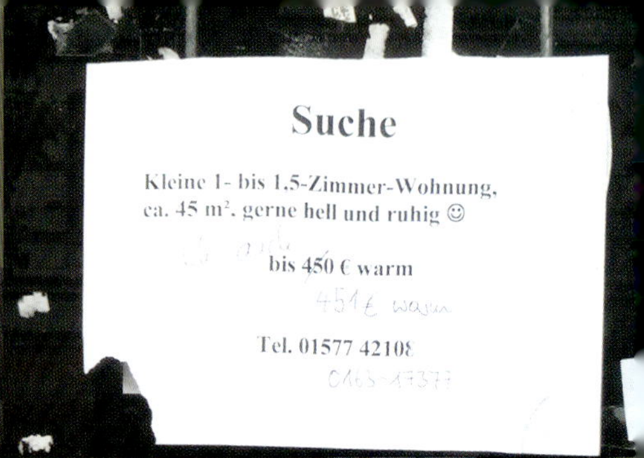

Suche

Kleine 1- bis 1.5-Zimmer-Wohnung,
ca. 45 m², gerne hell und ruhig ☺

bis 450 € warm

451€ warm

Tel. 01577 42108

B-AU 575

brauche-WG-Zimmer@gmx.de
(biete Vergnügungsdampfer)

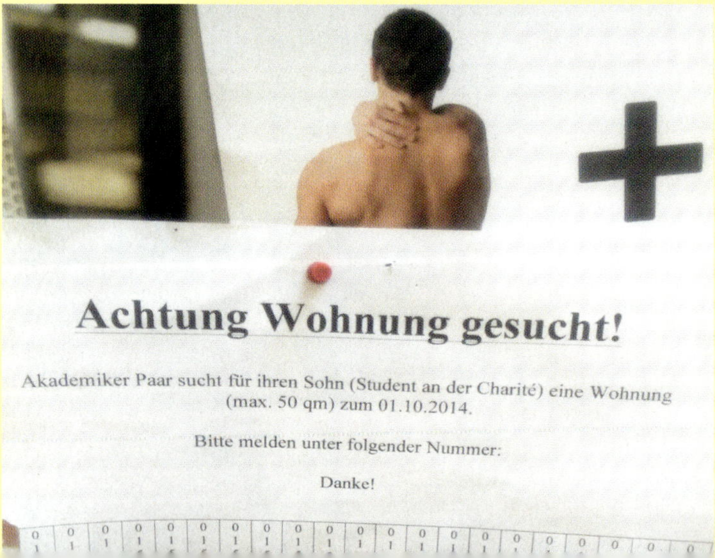

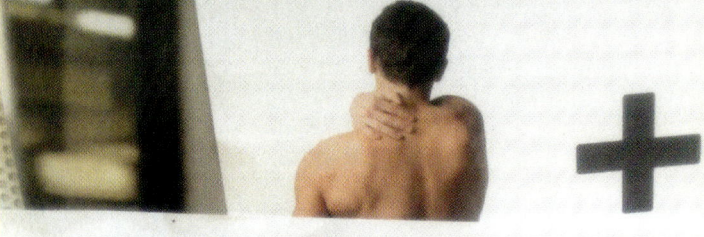

Achtung Wohnung gesucht!

Akademiker Paar sucht für ihren Sohn (Student an der Charité) eine Wohnung
(max. 50 qm) zum 01.10.2014.

Bitte melden unter folgender Nummer:

Danke!

Vorwärts Schillerkiez!

Wieder wurde in der Allerstraße Bewohnern mehrerer Hausgemeinschaften verkündet, dass ihre Wohnungen zu Luxus-Eigentums-Wohnungen werden sollen. Niemand kann es sich jedoch leisten, seine Wohnung für mehrere hunderttausend Euro zu kaufen. Bald wird hier keiner von uns mehr Wohnen! In einigen Jahren werden wir uns fragen, w̶a̶r̶u̶m̶ nicht einfach alle geweh̶r̶t haben.

Gemeinsam gegen Mieterhöhung, Rausschmiss & Quartiersmanagement

Betroffen sind wir alle! Wenn wir jetzt zusammenhalten, hat die kapitalistische Stadtentwicklung keine Chance! Wenn wir uns in unseren Häusern und auf der Straße organisieren, können wir uns das zurückholen, was uns eigentlich gehören sollte: Wohnraum, öffentliche Plätze und letztendlich ein schönes Leben. Über Mietenboykott, Besetzungen und Ausschließung von Maklern wäre zu reden!

Hallo,

ich bin reich und würde gerne in diesem Haus eine Wohnung kaufen, am liebsten im Vorderhaus und mit Balkon. Falls ein Einzelkauf nicht möglich ist, nehme ich auch gerne das ganze Haus (bis max. 3,5 Mio). Das Geld bekomme ich ja dann durch Mieterhöhungen oder Vollsanierung mit Mieterwechsel wieder rein. Über eine Nachricht der Hausverwaltung freue ich mich.

Fuck off Fuck off Fuck off Fuck off Fuck off Fuck off Fuck off Fuck off Fuck off Fuck off Fuck off Fuck off Fuck off Fuck off Fuck off

Are You a **GENTRIFIER?**

gentrification IS A PROCESS WHEREBY A POWERLESS LOW-INCOME NEIGHBORHOOD IS COLONIZED BY THE AFFLUENT AND TRANSFORMED INTO A BOURGEOIS AREA OF LAVISH CONSUMPTION.

1 The gentrification of a formerly proletarian quarter begins when authentically impoverished artists and bohemians move in. Minimum-toil-culture types are drawn by cheap rent and an authentic antipathy for the homogenous corporatized society that daily poisons our world.

2 Their marginal presence is followed by a proliferation of artsy enterprises: high-end galleries, shops, bars and restaurants drawing mainstream prosperous types to shop and consume in an area once thought to be too "dark and dirty" for upper middle class tastes.

YOU ARE HERE

3 The gentry come to shop and party, and they end up moving in. Backed by corporate money they begin controlling local politics, driving up the cost of rental housing, annexing affordable housing, driving the poor out of their homes and businesses, remaking the whole area in the image of their own grasping, conspicuously consuming, conformist selves.

The moral hypocrisy of the gentrifiers is evident in their denial of the true origins of their wealth, which is derived from the continual exploitation of the global proletariat and the appropriation of entire districts - even entire cultures - for their own vapid consumption. They create an orgy of spectacle as they commodify the authentic work of others, and use their political power to displace the less fortunate. Make no mistake:

GENTRIFICATION IS CLASS WAR.

MEINE TOCHTER MEIN SOHN DU HAST
GESÜENDIGT UND MIT DIESEM ABLASSBRIEFE
BUSSE GETAN

DU HAST LUXUSSANIERT
BIST MEHRMALS UMGEZOGEN
HAST DURCH DEINE FINANZKRAFT MIETEN
STEIGEN UND
ARME MIETERINNEN AVSZIEHEN LASSEN
HAST DEN KIEZ VERTEUERT
UND LATTE MACCHIATOBAECHE FLIESSEN LASSEN

MIT DIESEM ABLASSBRIEFE SEIEN DIR DEINE
SUENDEN VERZIEHEN AUF DASS DU DEINE ROLLE
BEI DER GENTRIFIZIERUNG BEDENKST UND VON
NUN AN EIN FROMMES LEBEN FUEHREN MOEGEST

AMEN

Biete
Slip – vom Fachmann gestrickt.

Biete Hilfe

0152 / 363 25

Tiefpunkt in der Lernphase?

Wir bringen Dich zum Höhepunkt!

Bib:L♥ve

Gute Noten durch guten Sex

Meld' dich bei deinen Kommilitonen Felix, David und Markus
bibloveberlin@

Sie möchten verreisen, haben aber niemanden, der Ihre Meerschweinchen versorgt? Erfahrene Meeri-Halterin mit eigenen Fellnasen nimmt Ihre Meerschweinchen solange in Pflege. Medikamenten-Eingabe und Tierarztbesuche sind selbstverständlich kein Problem und Ihre Tiere werden sorgfältig und liebevoll betreut.

5 Euro pro Tag für bis zu 4 Schweinchen (insgesamt)

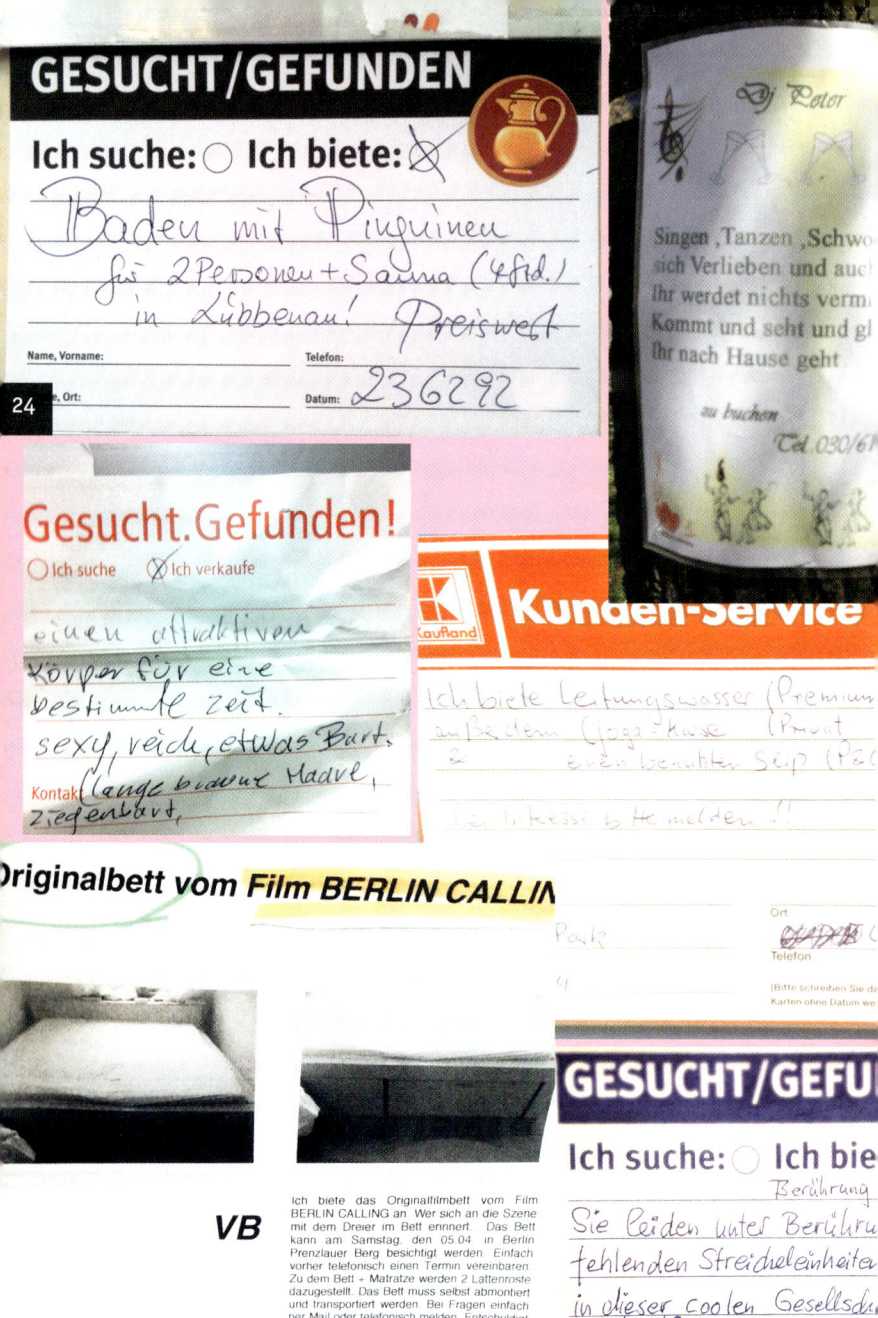

GESUCHT/GEFUNDEN

Ich suche: ○   Ich biete: ⊗

Baden mit Pinguinen
für 2 Personen + Sauna (4 Std.)
in Lübbenau! Preiswert

Name, Vorname: _____   Telefon: _____
..e, Ort: _____   Datum: 236292

24

Dj Peter

Singen, Tanzen, Schwo...
sich Verlieben und auch...
Ihr werdet nichts verm...
Kommt und seht und gl...
Ihr nach Hause geht

zu buchen

Tel. 030/61...

Gesucht. Gefunden!

○ Ich suche   ⊗ Ich verkaufe

einen attraktiven
Körper für eine
bestimmte Zeit.
sexy, reich, etwas Bart,
Kontak... lange braune Haare,
Ziegenbart,

K Kaufland   **Kunden-Service**

Ich biete Leitungswasser (Premium
an Baden (Joga-kurse (Privat
& einen benutzen Seip (Fa...

... Interess... b Me melden !!

Originalbett vom Film BERLIN CALLIN...

VB

Ich biete das Originalfilmbett vom Film
BERLIN CALLING an. Wer sich an die Szene
BERLIN CALLING an. Wer sich an die Szene
mit dem Dreier im Bett erinnert . Das Bett
kann am Samstag, den 05.04 in Berlin
Prenzlauer Berg besichtigt werden. Einfach
vorher telefonisch einen Termin vereinbaren.
Zu dem Bett + Matratze werden 2 Lattenroste
dazugestellt. Das Bett muss selbst abmontiert
und transportiert werden. Bei Fragen einfach
per Mail oder telefonisch melden. Entschuldigt
die schlechten

eb
Kostenlos. Einfach. Lokal.

www.ebay-kleinanzeigen.de
Anzeigennr.: 194689160
Tel.: 01796517...
E-Mail:

Ort
Park   ○○○○○ ○
Telefon
(Bitte schreiben Sie d...
Karten ohne Datum we...

GESUCHT/GEFU...

Ich suche: ○   Ich bie...

Berührung

Sie leiden unter Berühru...
fehlenden Streicheleinheite...
in dieser coolen Gesellsch...
notstand?

Name, Vorname: k.-H.   Telefon: 0...
Straße, Ort: Singersto, Berlin   Datum:

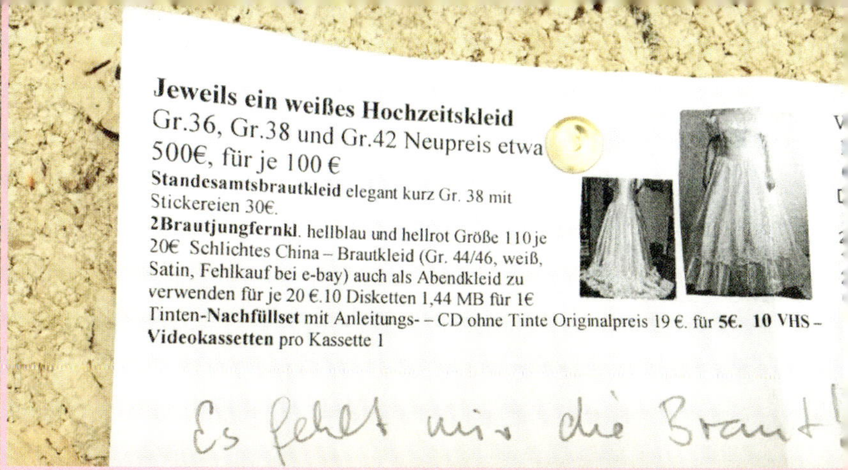

Jeweils ein weißes Hochzeitskleid
Gr.36, Gr.38 und Gr.42 Neupreis etwa 500€, für je 100 €
Standesamtsbrautkleid elegant kurz Gr. 38 mit Stickereien 30€.
2Brautjungfernkl. hellblau und hellrot Größe 110 je 20€ Schlichtes China – Brautkleid (Gr. 44/46, weiß, Satin, Fehlkauf bei e-bay) auch als Abendkleid zu verwenden für je 20 €.10 Disketten 1,44 MB für 1€
Tinten-**Nachfüllset** mit Anleitungs-- CD ohne Tinte Originalpreis 19 €. für **5€. 10** VHS-**Videokassetten** pro Kassette 1

Es fehlt uns die Braut!

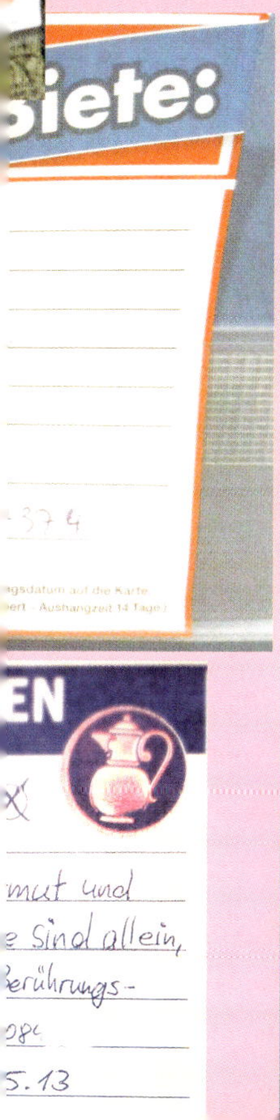

siete:

3 7 4

Meditation

Attr. M. 42, 1,85m., schl.,
Putzt Ihre Wohnung
NACKT! Für 20€/Std.
Termin: tägl ab 20°° Uhr
0151–533505

BERUFSTÄTIGE FRAU

mut und
e sind allein,
erührungs-
08...
5.13

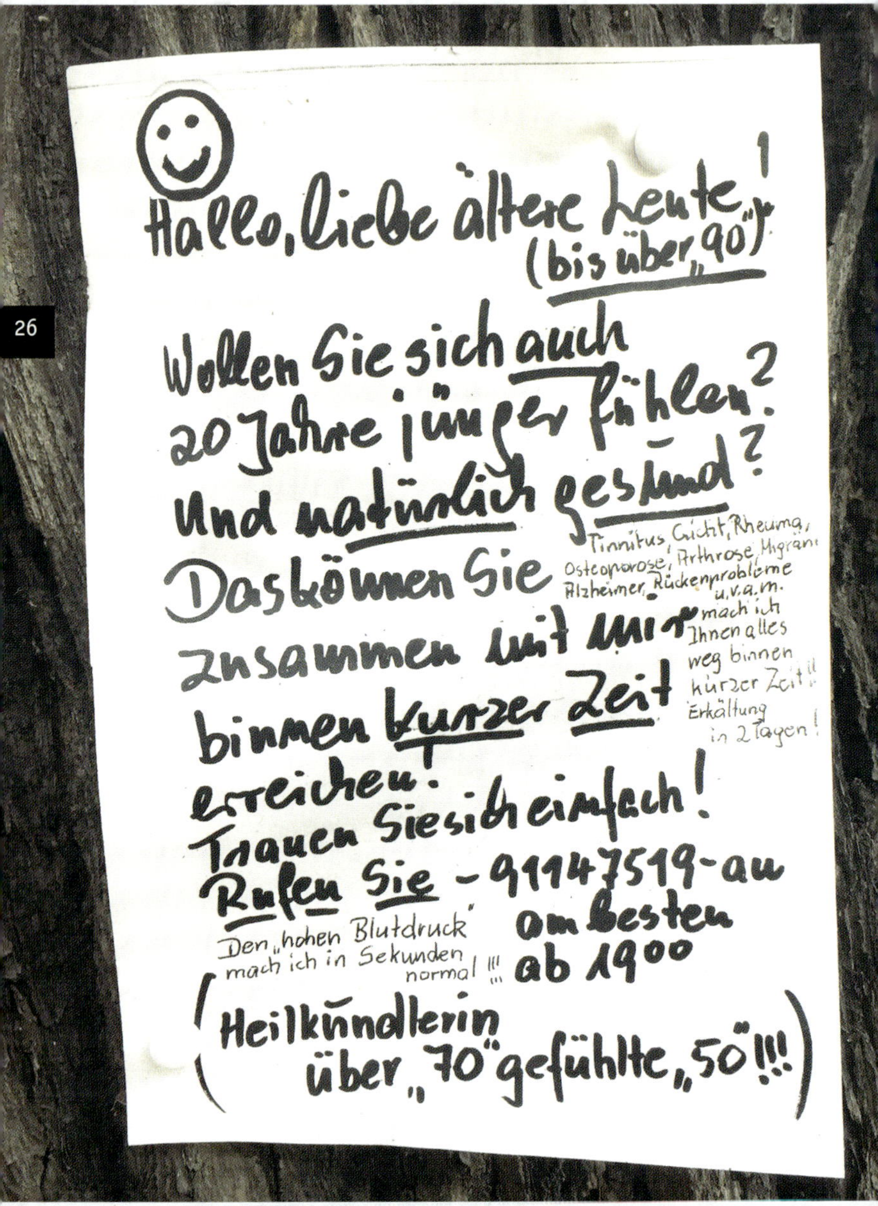

☺

Hallo, liebe ältere Leute!
(bis über „90")

Wollen Sie sich auch
20 Jahre jünger fühlen?
Und natürlich gesund?
Das können Sie
zusammen mit Mir
binnen kurzer Zeit
erreichen.
Trauen Sie sich einfach!
Rufen Sie - 9114 7519 - an

Tinnitus, Gicht, Rheuma,
Osteoporose, Arthrose, Migräne,
Alzheimer, Rückenprobleme
u.v.a.m.
mach ich
Ihnen alles
weg binnen
kürzer Zeit!!
Erkältung
in 2 Tagen!

Den „hohen Blutdruck"
mach ich in Sekunden
normal !!!

Om besten
ab 1900

(Heilkünndlerin
über „70" gefühlte „50"!!!)

»Danke, Mutti, ist weg.«

Marianne K. (71) hilft gerne Menschen. »Wenn man Kranke gesund machen kann, das ist doch einfach schön«, sagt sie. Und genau das ist auch ihre Hauptmotivation, Zettel in der Nachbarschaft aufzuhängen, um ihre Heilmethoden anzubieten. »Ich werde davon nicht reich«, erklärt sie weiter, was nicht nur daran liegt, dass sie letztlich kaum Behandlungsgebühren erhebt, sondern auch an der Tatsache, dass sich in den vergangenen vier Jahren bislang nur zwölf Personen auf ihre Aushänge gemeldet haben. »Die meisten glauben es mir einfach nicht, dabei kann man so vieles heilen.«

Mit naturheilkundlicher Medizin kam sie zum ersten Mal noch in der DDR in Berührung: Ein Arzt konnte ihr eine Allergie mit natürlichen Mitteln erfolgreich behandeln. Fortan war ihr Interesse geweckt, jedoch gab es damals in Ost-Berlin nur wenige Möglichkeiten, sich vertiefend mit der Materie zu befassen. Nach der Wende begann Marianne K., regelmäßig Seminare auf diesem Gebiet zu besuchen und sich ausführlich in die Fachliteratur einzulesen.

Als man vor einigen Jahren bei ihr Krebs diagnostizierte, entschied sie sich gegen eine Chemotherapie. »Ich habe keinen Schreck bekommen, weil ich wusste, dass es heilbar sein kann.« Sie wendete ihr ganzes über die Jahre angesammeltes Wissen auf sich selbst an, »zum Beispiel habe ich damals meine Ernährung komplett umgestellt«. Nach sieben Monaten war der Krebs besiegt. Ihr letzter Arztbesuch liegt bereits mehrere Jahre zurück.

Täglich nimmt Marianne K. ihren eigens »erfundenen Aufbaudrink« zu sich, der aus »Vitaminen, Mineralstoffen und Spurenelementen« besteht. Das Rezept habe sie auch einmal einem Pfarrer (80) gegeben, der ihr seitdem stets seinen guten Gesundheitszustand verkündet. Das Repertoire von Marianne K. umfasst neben Ernährungstipps auch eine

Vielzahl von Naturprodukten, die sie für bestimmte Leiden empfiehlt, außerdem Hand- und Fußreflexzonenmassage, spezielle Körperübungen oder auch einfach mal ein offenes Ohr. Stammpatienten habe sie keine, bis auf ihre beiden Kinder. »Die rufen mich oft an und bitten mich um Rat: ‚Mutti, mein Rücken tut weh. Sach ma, mach ma.' Zwei Tage später melden sie sich dann wieder: ‚Danke, Mutti, ist weg.'«

Einer Frau (50) mit zu hohem Bluthochdruck gab sie einmal eine Reflexzonenmassage-Anleitung für eine Selbstbehandlung, die zur Senkung des Bluthochdrucks führte. »So etwas ist immer wieder eine Bestätigung, dass ich nichts Falsches gelernt habe über die Jahre.« Auch an zwei weitere Personen, die sie »wieder hingekriegt« habe, erinnert sie sich gerne. Es handelte sich dabei um Fälle von Arthrose und Gicht.

Ihre Aushänge haftet sie in der Regel an Bäume sowie Pinnwände in Bio-Supermärkten. Vereinzelt hat sie auch mal Zettel in Briefkästen geworfen und daraufhin ihren ersten und einzigen Drohanruf erhalten. Die Frau am anderen Apparat »hatte mich übel beschimpft und meinte, ich würde lügen. Das muss 'ne Ärztin gewesen sein, die wohl nicht vorwärtskommt.« Sie habe mal gelesen, dass in China Ärzte ihr Honorar erst bekommen, wenn sie den Patienten gesund gemacht haben. Bei der Schulmedizin beschleicht sie das Gefühl, »dass keiner gesund werden darf, sonst verdienen die ja nix mehr.«

Sie hofft jedenfalls, dass sich in Zukunft noch mehr Menschen, insbesondere ältere, bei ihr melden. Marianne K. würde ihnen gerne zeigen, wie sie sich bei bestimmten Schmerzen und Erkrankungen auch selbst helfen können. Sie selbst fühle sich momentan sehr wohl und hofft, »vielleicht ja über 100« Jahre alt zu werden.

Single

– zu verschenken –

Ein süßer und liebevoller Single sucht ein neues Zuhause.

Er ist 27 Jahre jung, etwa 1,74 m groß und wiegt 60 kg. Er wohnt zur Zeit ganz alleine in seiner Hütte in der Nähe vom U-Bhf. Ullsteinstraße. Sie haben die Wahl, ob Sie ihn gerne dort lassen wollen und sich möglichst häufig um ihn kümmern oder ob Sie ihn mit zu sich nehmen. Bei Bedarf kann er auch geliefert werden. Er ist sehr humorvoll, sieht recht attraktiv aus und ist sportlich. Es handelt sich um ein stubenreines, rauchfreies Exemplar, das nicht gerne alleine gelassen wird. Am liebsten verbringt er seine Zeit mit aufgeschlossenen und freundlichen Artgenossen. Er beherrscht fließend alle Kommandos in deutscher und englischer Sprache, ist beim Essen nicht wählerisch, kann aber sehr gut bei der Nahrungszubereitung helfen und freut sich über jede Streicheleinheit und Liebkosung.

Vorsicht! Auf Grund seiner Ausbildung gehört dieser Single in einen der von vielen Menschen am meisten gefürchteten Berufe Deutschlands. Wenn Sie also unter chronischer Zahnarztangst leiden, suchen Sie sich bitte ein anderes Exemplar.

Wenn Sie diesem Single ein neues liebevolles Zuhause bieten möchten, melden Sie sich bitte unter single.in.tempelhof@

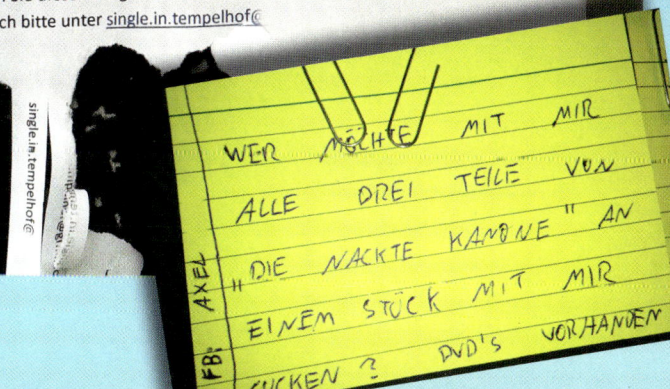

single.in.tempelhof@

AXEL FBI:

WER MÖCHTE MIT MIR
ALLE DREI TEILE VON
"DIE NACKTE KANONE" AN
EINEM STÜCK MIT MIR
GUCKEN? DVD'S VORHANDEN

Stopp, nicht so schnell vorbeilaufen!

Vielleicht passiert das Unmögliche und meine Traumfrau wird auf mich aufmerksam?

Ich, 32 (junger aussehend), 1,85, 72 kg bin inzwischen ziemlich gefrustet, weil es nur im Job, aber nicht in der Liebe klappt.

Habe große Lust, mich zu verlieben und eine Familie zu gründen. Wenn du einen zuverlässigen, optimistischen Partner bzw. zukünftig einen geduldigen, stresserprobten Vater für unsere Kinder suchst, bin ich der Richtige.

Während Du noch hin- und heruberlegst, schiebe ich schon mal die Rinderfilets in den Ofen! Wir können uns dann über Deine Vorstellungen, Wünsche und Träume unterhalten.

Bitte melde Dich unter

topfsuchtdeckel12

P.S. Ich mag schlanke, kluge Nichtraucherinnen.

Magst du einige der folgenden Musiker*innen? (alpha-betisch geordnet):

Aphex Twin, Atom TM, Björk, Caspar Brötzmann, John Cage, Einstürzende Neubauten, John Frusciante, God-speed You! Black Emperor, Haftbefehl, Hans Unstern, James Blake, Late Of The Pier, Matthew Herbert, Paul Hindemith, Neu!, Pink Floyd, A Place To Bury Strangers, Prince, Queens Of The Stone Age, Radiohead, Sonic Youth, Squarepusher, Steve Reich, Stockhausen, Straw-insky, These New Puritans, Venetian Snares, John Zorn, 1000 Robota, etc.

Ich suche Menschen zum gemeinsamen Musik machen, austauschen, treffen, begegnen, erforschen, improvisieren, zerstören, scheißen, kacken, pissen, lieben, ausspucken, schlucken, ficken, finden und hören (gefühlsmäßig geord-net) vorerst ohne genaues Ziel...

timpauli8@

(Die vorangegange Liste ist eigentlich voll egal, ich wusste nur nicht, wie ich einem bestimmten Bewusstsein für Musik besser Ausdruck verleihen sollte.)

Mein Name ist Monika. Ich bin 59 Jahre alt und suche einen lieben Freund zwischen 57 und 62 Jahren. Bin zu erreichen unter der Telefonnummer

Nur Deutsche
Ruft bitte zahlreich an.
Bitte hängen lassen !!!!!

Man sucht eine Frau
31335

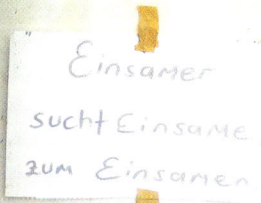

"Einsamer sucht Einsame zum Einsamen"

Ich bitte um Ihre Mithilfe:

Ich habe vor 35 Jahren einen jungen Mann kennen
gelernt. Sein Freunde und Bekanten sagten Siggi zu ihm.
Zu der damaligen Zeit wohnte er in der Oudenarder Str.
und stammte aus Jugoslavien. Er ist heute im Rentenalter.

Die innerdeutsche Grenze und die damaligen Praktiken,
haben einen weiteren Kontakt verhindert.
Ich wüsste gerne, wie es ihm heute geht.
Wer kann mir helfen und weiß etwas?

Für Informationen wäre ich sehr dankbar.

Wer hat Lust mich zu verprügeln?

- Ich habe mich schon ewig nicht mehr/noch nie richtig geprügelt oder mit jemandem gemessen.
- Ich möchte nicht immer ein unterbewusstes Gefühl von Bedrohung und Ohnmacht dem gegenüber mit r̶ nicht von Assis vollpöbeln lassen, ohne zu wissen, ob ich überhaupt eine Chance gegen sie hätte, wenn i̶
- Ich will so wenig wie möglich Angst haben müssen vor wem auch immer.
- Ich will mich verdammt nochmal nicht ständig schonen und denken, mein Körper wäre aus Glas! Und mi̶ Grenzen halten, die ich für mich selbst ziehe.
- Ich will Zusammenhalt und Leute die sich gegenseitig motivieren, und sich nicht hängenlassen. Und die e̶ Neues ausprobieren.
- Ich würde gern mit Leuten trainieren, die das aus den gleichen Beweggründen machen wie ich.
- Ich will Körpergefühl kriegen und wissen was ich kann und was nicht. Lernen, auszuteilen und einzusteck̶

Deshalb möchte ich freies Kämpfen probieren, ohne weitere Kampfsportvorkenntnisse, so wie man es von Natu̶ jederzeit passieren könnte.*

Wenn du dich von irgendeiner der oben gemachten Aussagen angesprochen fühlst, ruf mich an. Auch erfahrene̶

*Das Ganze ist als Experiment gedacht und dient als Praxiserfahrung und als Trainingspartnersuche für das spätere Erlernen einer Kam̶ wie und wohin sich die Sache entwickelt.

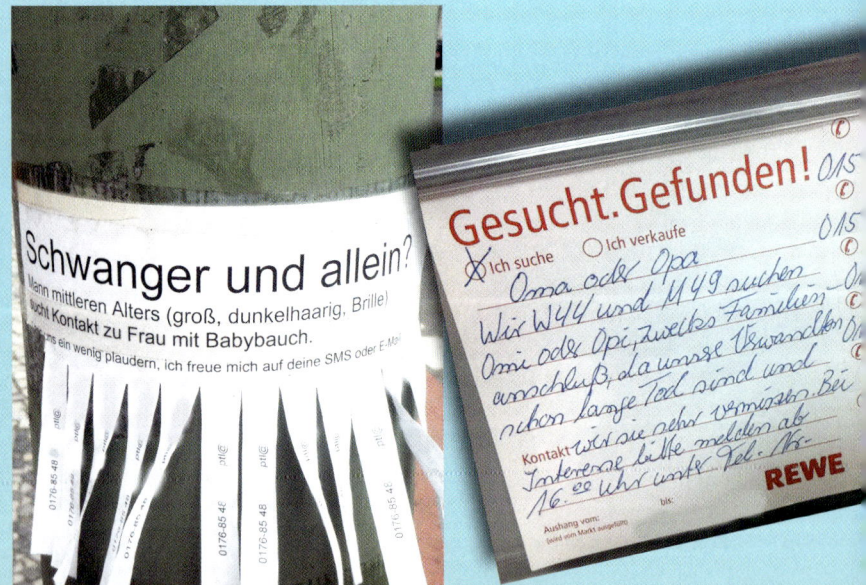

Schwanger und allein?
Mann mittleren Alters (groß, dunkelhaarig, Brille) sucht Kontakt zu Frau mit Babybauch.
̶ ein wenig plaudern, ich freue mich auf deine SMS oder E-Ma̶

0176-85.48

Gesucht. Gefunden!
☒ Ich suche   ○ Ich verkaufe
Oma oder Opa
Wir W44 und M49 suchen
Omi oder Opi, zwecks Familien-
anschluß, da unsre Verwandten
neben lange Tod sind und
wir sie sehr vermissen. Bei
Interesse bitte melden ab
16.00 Uhr unter Tel.-Nr.
Kontakt
REWE
Aushang vom: bis:
(wird vom Markt ausgefüllt)

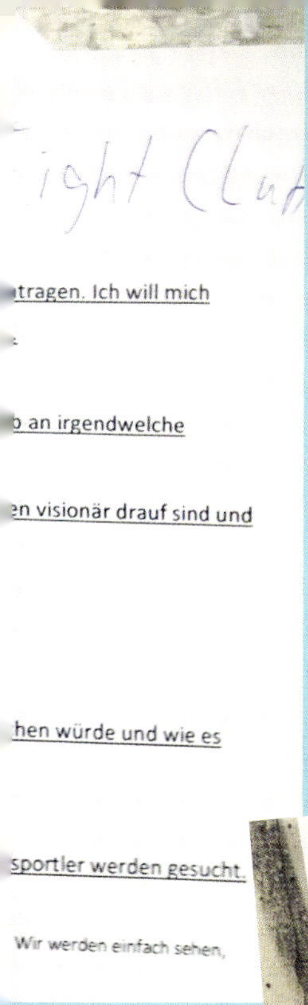
ight Club
tragen. Ich will mich
b an irgendwelche
en visionär drauf sind und
hen würde und wie es
sportler werden gesucht.
Wir werden einfach sehen,

Biologischer Daddy gesucht...
Wir sind ein lesbisches Paar (29 & 33) mit ausgesprochenem Kinderwunsch.
Bist Du unkonventionell und magst uns helfen,
diesen
Lebenstraum
zu verwirklichen?
farbeimleben@

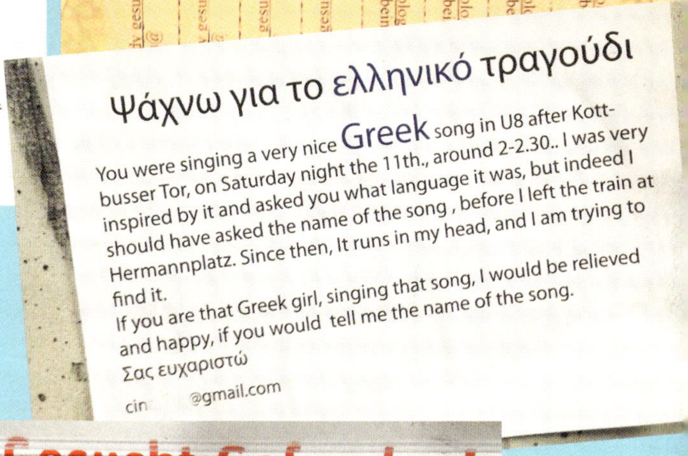
Ψάχνω για το ελληνικό τραγούδι
You were singing a very nice Greek song in U8 after Kottbusser Tor, on Saturday night the 11th., around 2-2.30.. I was very inspired by it and asked you what language it was, but indeed I should have asked the name of the song , before I left the train at Hermannplatz. Since then, It runs in my head, and I am trying to find it.
If you are that Greek girl, singing that song, I would be relieved and happy, if you would tell me the name of the song.
Σας ευχαριστώ
cin @gmail.com

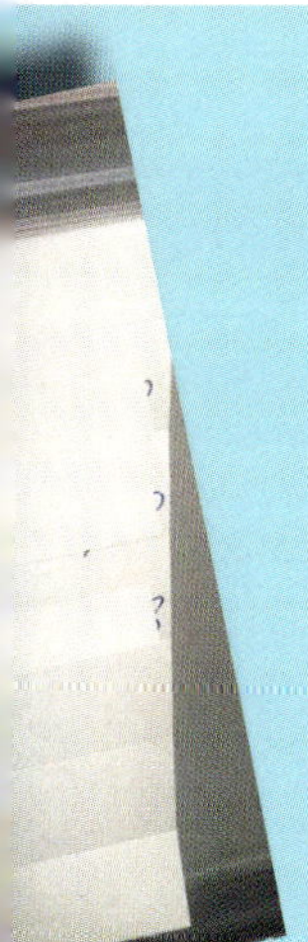

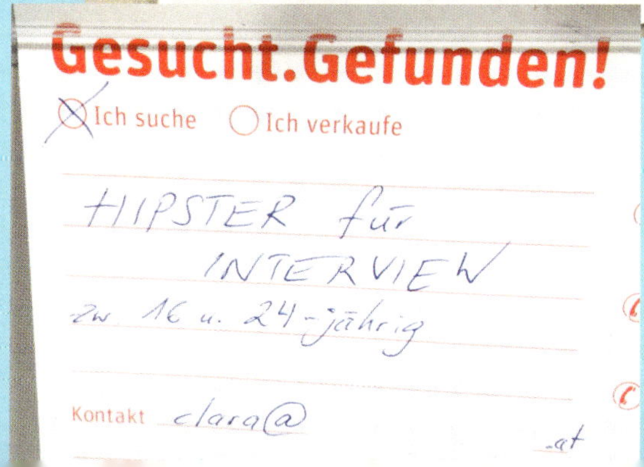
Gesucht.Gefunden!
Ich suche
Ich verkaufe
HIPSTER für INTERVIEW
zw 16 u. 24-jährig
Kontakt clara@
.at

Hallo **RAWA**
melde dich, du
wirst Vater.

VERMISST:

MEINE MITBEWOHNERIN

Käthe, wann kommst du nach Hause?

P.S. Ich gehe morgen brunchen.

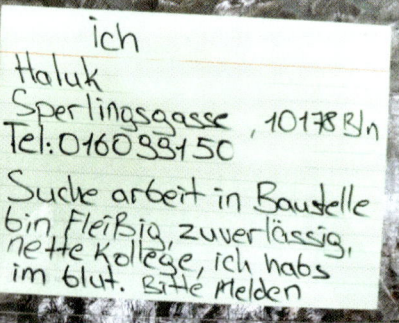

ich
Haluk
Sperlingsgasse , 10178 Bln
Tel: 0160 99 150
Suche arbeit in Baustelle
bin Fleißig, zuverlässig,
nette Kollege, ich habs
im blut. Bitte Melden

Wir suchen kleinen
Hund! Schulterhöhe
ca. bis 30cm. Haben
kleine Rente, aber viel
zeit zum Gassigehen!
Tel: 0176 963 610

LUST BEIM LAUFEN?

Liebst du das auch beim Laufen? Sich
auszupowern, den Körper zu spüren,
Grenzen zu testen? Empfindest du
manchmal auch das gewisse „mehr"
darüber hinaus?
Wenn es dir beim Laufen auch öfter so
geht, dann freue ich mich, 34, w, auf
gemeinsame Runden mit dir durch den
Tiergarten. Laufe ca. 2-3 mal pro Woche,
morgens oder abends.

LG
Anette
g.anette@

Suche Schachspieler

Stundenlohn 1€ u. Kaffee
Tel: 2935-26

Bitte im Laden melden.

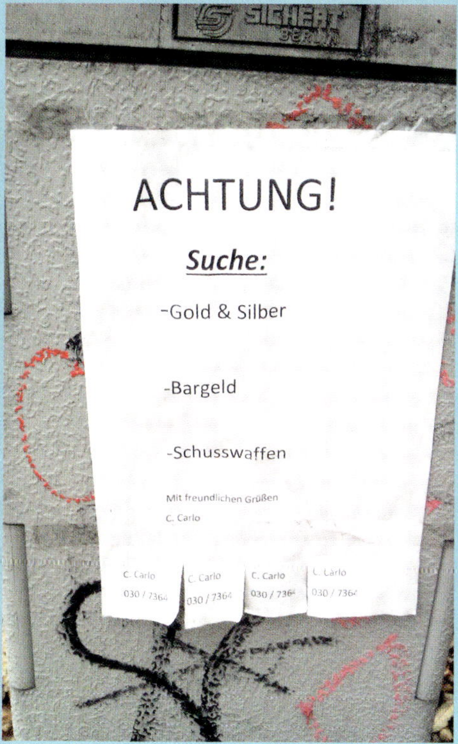

ACHTUNG!

Suche:

-Gold & Silber

-Bargeld

-Schusswaffen

Mit freundlichen Grüßen
C. Carlo

C. Carlo	C. Carlo	C. Carlo	C. Carlo
030 / 7364	030 / 7364	030 / 7364	030 / 7364

Junger Prinz (30)
ohne Ross und Adels-
titel sucht Rapunzel
zum Pferde stehlen
und glücklich werde
0163/89532

..und wenn sie nicht gestorbi
sind...?

Suche Dich!

Du schöne **Unbekannte**, für gemeinsame,

prickelnde Stunden in dieser

36 wunderbaren Stadt.

Ich bin 35, absolut tageslichttauglich, schlank und gutaussehend, und

suche auf diesem eher **ungewöhnlichen** Weg eine

begehrenswerte Frau, die **unkomplizierten Sex**

haben möchte.

Das Internet bietet verlockende Möglichkeiten , doch ich finde diesen Aushang spannend und würde mich über eine Mail von Dir an erotischekunst@ freuen.

Ich bin nicht nur an der Kunst interessiert, sondern würde dich gerne kulinarisch verwöhnen, zusammen lachen und morgens der Sonne beim Wachwerden zusehen. Wenn **Du** mir eine Email mit einem Foto von Dir zusendest, würde ich **mich sehr darüber freuen!**

Grüße sendet Dir

Matthias

Matthias sucht Dich! erotischekunst@	Matthias sucht Dich! erotischekunst@	Matthias sucht Dich! erotischekunst@	Matthias sucht Dich! erotischekunst@	Matthias sucht Dich! erotischekunst@	Matthias sucht Dich! erotischekunst@	Matthias sucht Dich! erotischekunst@	Matthias sucht Dich! erotischekunst@	Matthias sucht Dich! erotischekunst@

Post, DHL und Co.
Danke!
Meine Schallplatte ist im Arsch!

37

Lieber DHL-Fahrer,
nach dem ich heute zum wieder-
holten Male mein Paket in
der Filiale abholen durfte,
obwohl ich ihnen sogar persönlich
die Eingangstür geöffnet hatte,
habe ich die Gelegenheit genutzt
und mich bei ihrem Vorgesetzten
beschwert. Das war ken Problem,
da ich mit der Schalter-Dame ohne
hin schon per du bin, an die
Daten ranzukommen Eigentlich
sehr traung, dass sie bei dieser
Arbeitsmoral einer anderen Person
einen Job wegnehmen. ...
Hab ich ihrem Chef übrigens
auch ausgerichtet :-)

Liebe Grüße

LIEBER DHL BOTE,
WENN DU
FAULER SACK
NICHT LANGSAM LERNST
UNS ABHOLZETTEL
ZU HINTERLASSEN,
KRIEGEN WIR BALD PROBLEME
MITEINANDER!
— LIEBSTER GRUß

POST bitte
unter der Tür
schieben!

Danke

Ich bin ein
Träumer

Lieber Pin-Bote,

erst unseren Schlüssel verlieren und
dann Post von Finanzamt und
Polizeipräsidenten unter der Tür
durchschieben, die an keinen von uns
adressiert ist???

Bitte:

Use it

Hier wohnen noch:
B   , E   , J   , O

Danke.

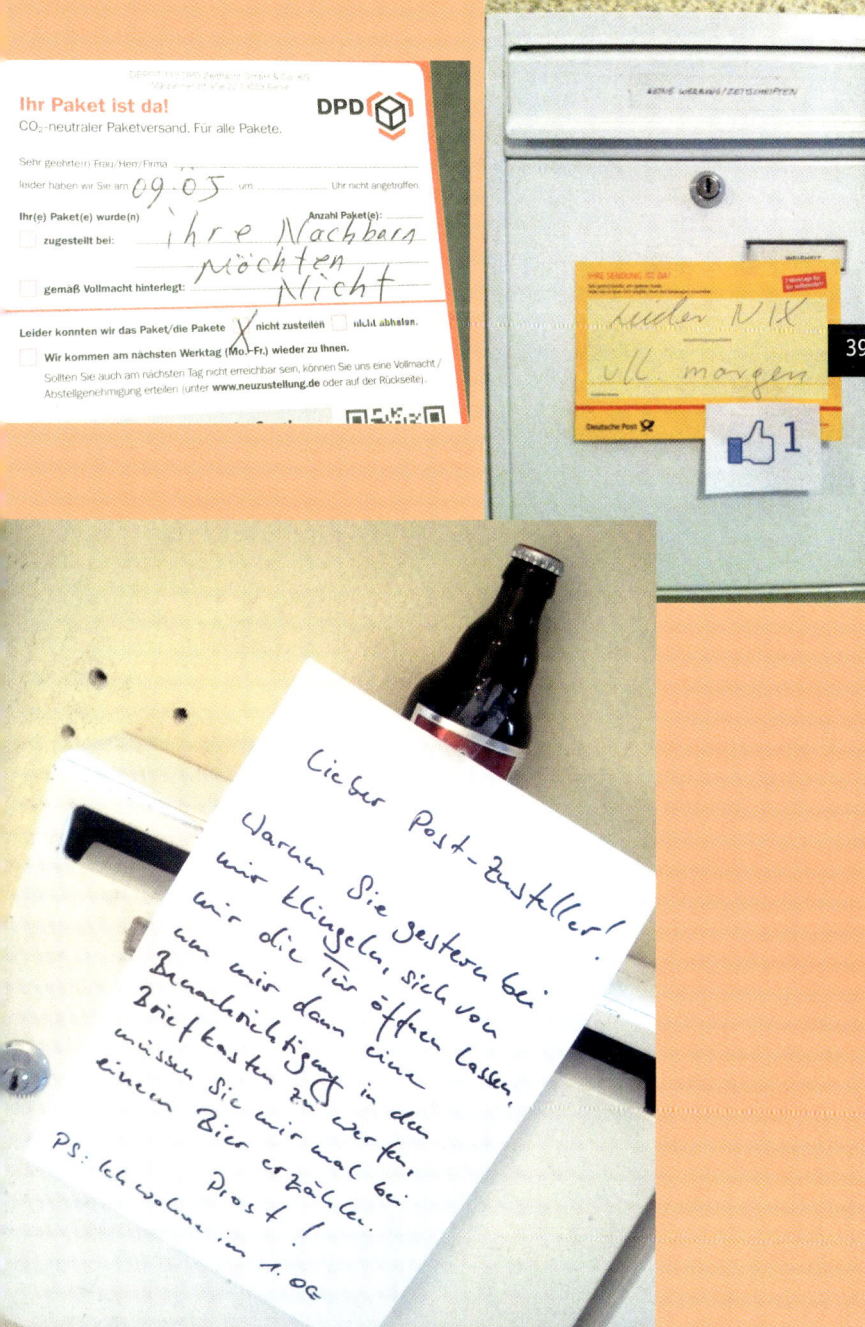

Lieber DHL Bote,

Danke, dass du mir meinen Geburtstag versaut hast.

Toll, dass Du das Päckchen nicht nur zu spät ausgeliefert hast, sondern es auch noch beim Elektro Sat abgegeben hast, die so eingeschränkte Öffnungszeiten haben, dass ich es mir nie abholen kann, da ich leider zufällig momentan berufstätig bin.

Auch schön, dass sich Deine Firma einen Scheißdreck darum kümmert.

Da kann Weihnachten ja kommen.

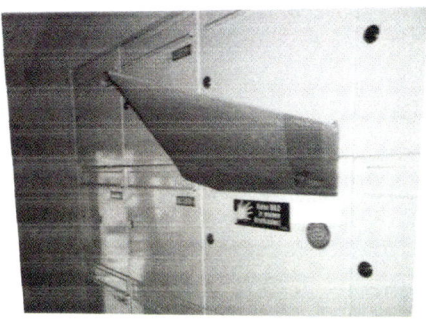

AN DEN **BRIEFZUSTELLER**
DER DEUTSCHEN POST

DAS HAST DU WIRKLICH TOLL GEMACHT GESTERN
(Montag, 7. Mai)!!!!

DANKE! MEINE SCHALLPLATTE IST IM ARSCH!

Dein Martin

Keine Werbung

Werbung
Hab kein Geld und kaufe nichts.

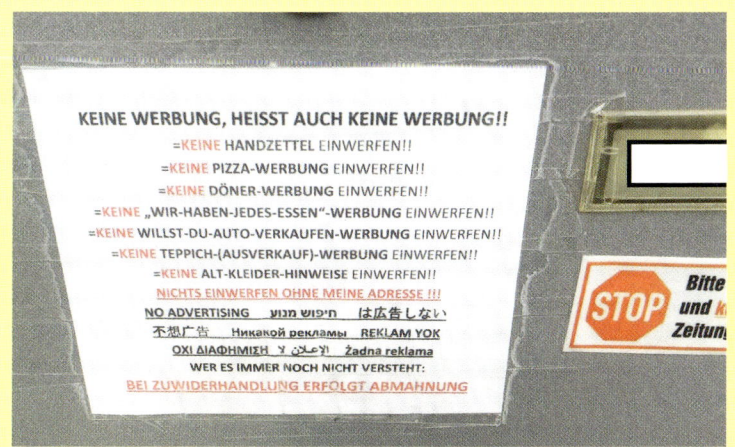

An den Postboten:

Wären Sie so freundlich, zu uns reinzukommen? Es geht um die Verteilung von Flyern.

Besten Dank!!!

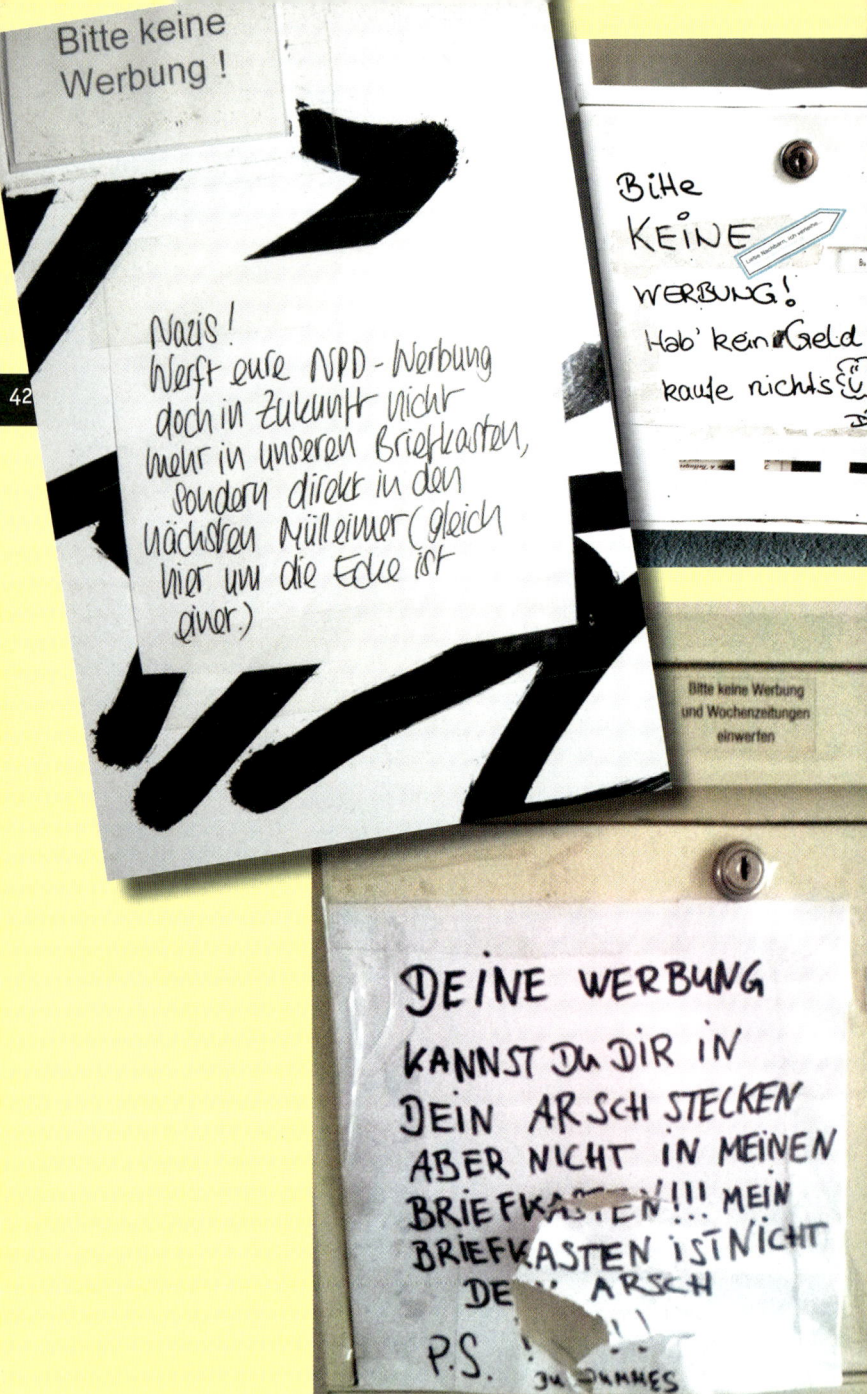

Keine WERBUNG

DU! LASS MEIN **BRIEFKASTEN** GEFÄLLIGST IN **RUHE**,

denn er wird aktiv von mir benutzt und steht also für deine illegalen Absichten **NICHT** zur Verfügung.

AUßERDEM würde ich mir viel lieber etwas zum **ESSEN** kaufen statt das **Schloß** ständig wechseln zu müssen. Dünn genug bin ich schon.

DANKE! xxx

BITTE KEINE

WERBUNG

REINWERFEN!!!!!

*Keine Zeitungen

*Keine Restaurant, Pizzerias usw.

KEINE, NULL, NICHTS

Ich bin es leid meinen
Briefkasten jeden Tag von
dem Müll zu leeren!!!!!!!!!!!!
DANKE!

Denken sie wir zusteller haben spass an dieser existenslosen Tätigkeit?!

Love in the city
Ich seh dir so gerne
beim Regale einräumen zu ...

wenn du ihn nicht findest, dann melde dich mal bei mir!

Typ mit dem weissen
Skateboard! ☺

Du hast Unterstützung auch Touming ☺

Der Richtste ☺

Haben uns Ecke Gleimstrasser & dann nochmals
bei der U-Bahn gesehen (...ich bin das Mädel,
was den Touris dann das Fahrkartensystem
erklären musste und eigentlich gerne lieber mit
dir gequatscht hätte...;)

Wie süß! ☺   Viel Glück ☺   Du schreibst DAS!

Meld dich doch mal bei mir...
(ich.fahre.ebenfalls.longboard@

Schöner
Georg, 32,
Werbefutzi.

Meld dich mal bei mir.
xcreep@

Die mit Rotkäppchen und dem bösen Wolf auf
dem Arm.

HELLO BEAUTIFUL
BROWN-HAIRED GIRL WITH GRAY HEADPHONES
I SAW YOU ON THE M10
LAST SUNDAY, AROUND 3 P.M.
YOU LOOKED AT ME. I GOT SHY AND BEGAN STARING AT
A SMALL DOG INSTEAD
THAT WAS STANDING BETWEEN US.
WHEN I GOT OFF AT HUSEMANN STR.
I FELT SO REGRETFUL FOR NOT HAVING ASKED YOU OUT.
DO YOU WANT TO GO
FOR A DRINK
SOMETIME?

YOU

I LIKE!

SMALL DOG

GUY ON THE M10

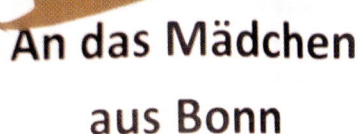

An das Mädchen

aus Bonn

Du liest gern von mir,

also schreib ich hier.

Unsere Ansichten über die Welt, die wir bei Wein und beim Kochen teilten, genauso wie das Youtubegucken, sind Dinge, die ich möcht behalten. Das mit dir ist mir noch nie passiert. Deswegen diese Zettel hier. Du fandest sie auf www.notesofberlin.com auch so gut.

Ich find es schade, dass die Umstände es nicht gewähren, dass wir uns richtig kennenlernen.

Denn ich bin schon ne gute Partie und du... einfach du...unglaublich für mich.

Vielleicht in eine Million Jahren....oder aber in 10...meld dich! Bis dahin tun wir wie Freunde, okay? jemandausberlin@

Von dem Typen aus Berlin

TIGGER,

BITTE GIB MIR

NOCH EINE

CHANCE!

-WINNIE PUH

Lieber Tigger, ich weiß das Du die Nase voll von mir hast, aber ich kann es Dir beweisen, dass ich mich ändern kann!

Für Dich, für mich, für uns!

Sprich
Sie
einfach
n!

WANN
ENDLICH
KÜSST DU
MICH

https://www.facebook.com/gutterbabyband

Sonntag nach der P-Bar..............

........da bin ich wohl
eingeschlafen.. **WER PENNT DER BRENNT.**

Aber so geht das trotzdem nicht !!!

Du hast vergessen Deine Telefonnummer da
zu lassen...... :'(

(und Deine Zigaretten ;))

......zum Glück weißt Du ja wo ich wohne....

Hope to see you soon

Freu mich auf Dich! P. („16 / 4.Stock)

☺Hab übrigens Donnerstag abend schon was für uns geplant, also meld Dich
ruckiezuckie ☺

WIESBADEN – EIGENHEIM
BERLIN – WÜRGEENGEL

Du hattest ja Recht, wunderschöne, junge Frau rumänischer Eltern mit
früherem Wohnsitz im Wiesbadener Eigenheim, am Freitag, den
14.11.2014, spätabends an der Bar im Würgeengel;
Recht damit, den Typen, den du keine Minute zuvor kennengelernt und
geküsst hattest, mit jenen so prosaischen wie denkwürdigen Worten
goodbye zu winken: *"I don't feel it, go now."*
Er versichert, er habe es auch nicht gefühlt und sei bis zum Rand voll mit
Spirituosen gewesen. Und würde dich gerne wiedersehn.

Allein, wie konnte das gehen?

Zum Beispiel mit einer Email!

an **Martin**

- 26 Jahre alt • Koch, Sprayer,
  Linkshänder, Brillenträger • war
  noch nie bei Ikea • mit
  Air Max 174 cm "groß"
- ☺ weiche Kekse
- ☹ Miniröcke in Lederoptik

Ich "Whacke Biatch" habe
deine Nummer verschussett.
Will aber dein Shirt tragen,
dir widersprechen, mit dir
kuscheln, South Park gucken
und Spaghetti Bolognese &
Pistazieneis essen!
♡ Chiara

idofeelitcomeback@

idofeelitcomeback@

idofeelitcomeback@

idofeelitcomeback@

idofeelitcomeback@

idofeelitcomeback@

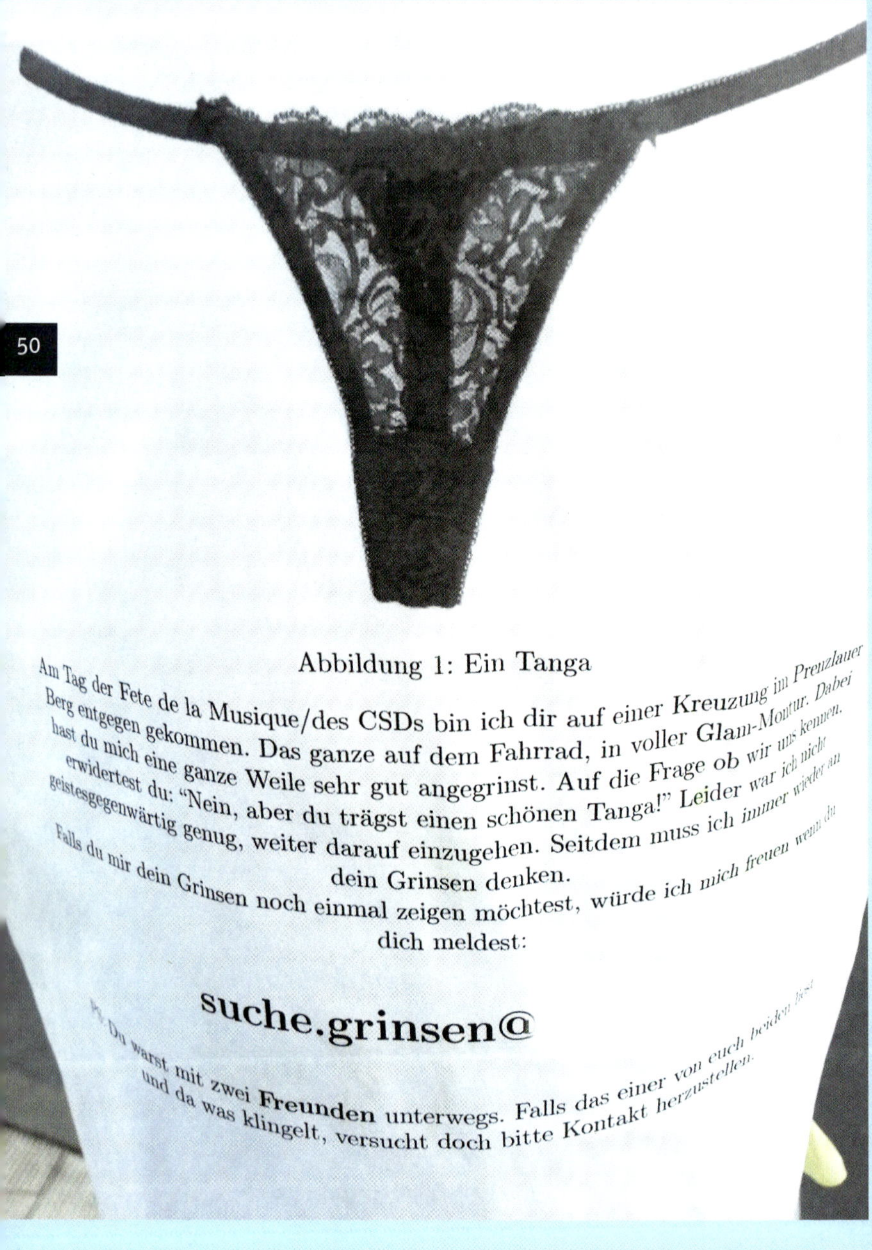

Abbildung 1: Ein Tanga

Am Tag der Fete de la Musique/des CSDs bin ich dir auf einer Kreuzung im Prenzlauer Berg entgegen gekommen. Das ganze auf dem Fahrrad, in voller Glam-Montur. Dabei hast du mich eine ganze Weile sehr gut angegrinst. Auf die Frage ob wir uns kennen, erwidertest du: "Nein, aber du trägst einen schönen Tanga!" Leider war ich nicht geistesgegenwärtig genug, weiter darauf einzugehen. Seitdem muss ich immer wieder an dein Grinsen denken.

Falls du mir dein Grinsen noch einmal zeigen möchtest, würde ich mich freuen wenn du dich meldest:

suche.grinsen@

P.: Du warst mit zwei **Freunden** unterwegs. Falls das einer von euch beiden liest und da was klingelt, versucht doch bitte Kontakt herzustellen.

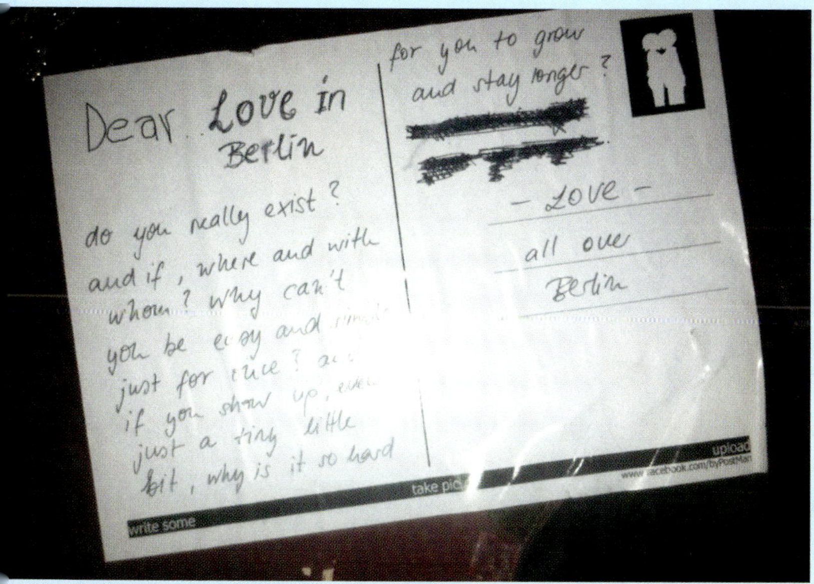

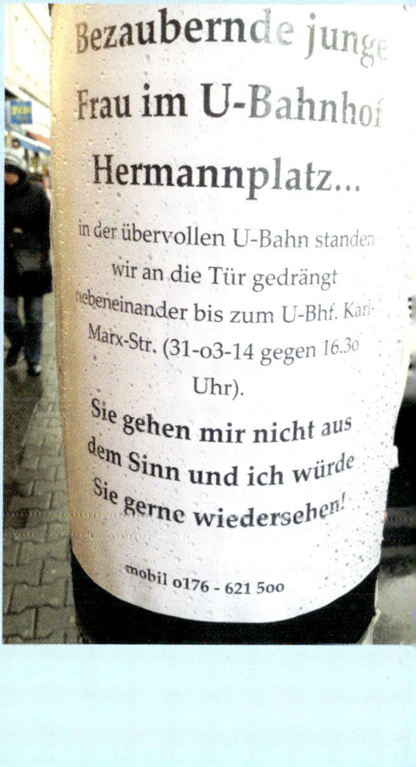

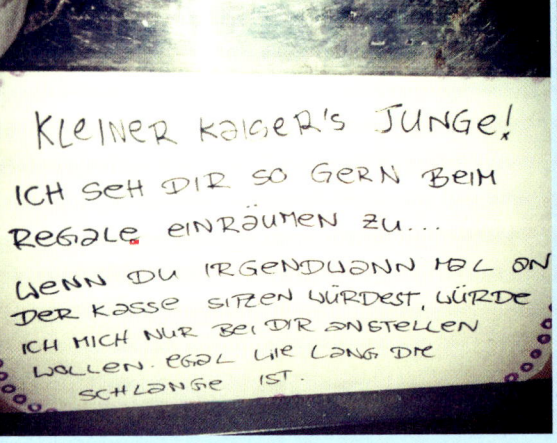

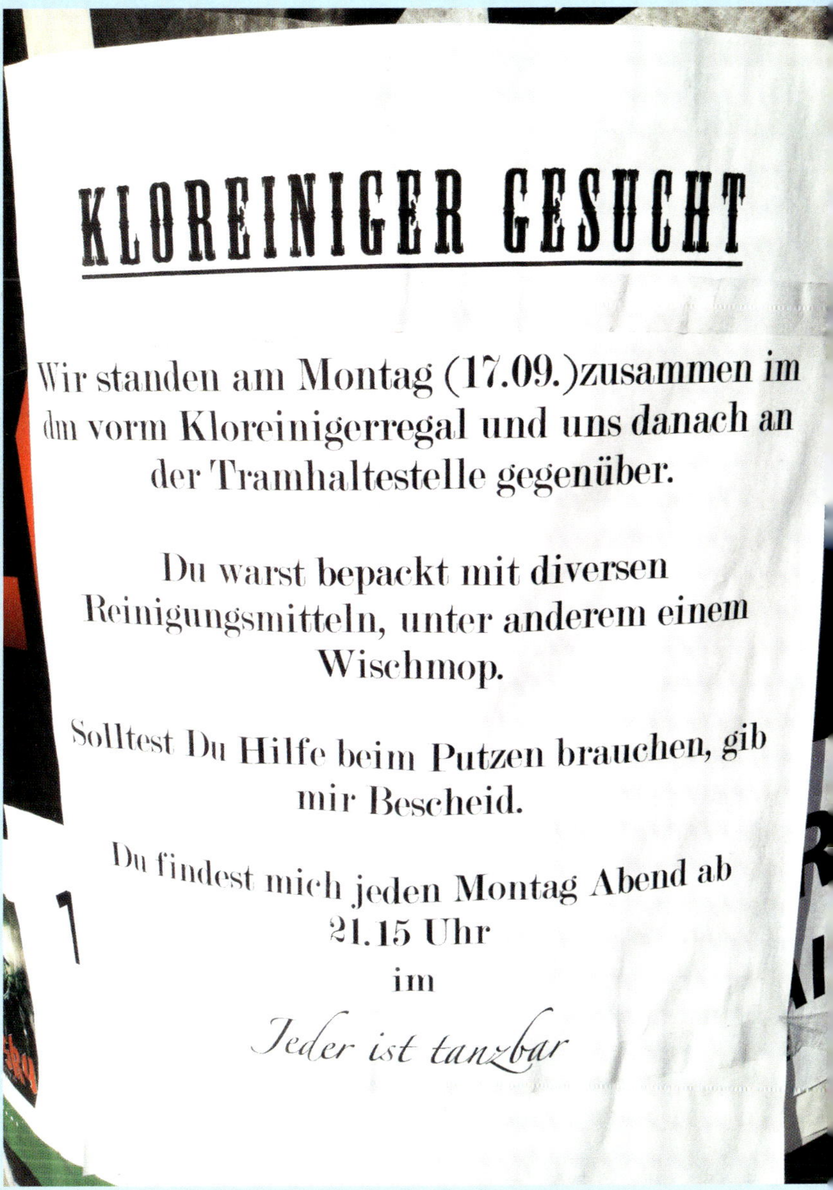

KLOREINIGER GESUCHT

Wir standen am Montag (17.09.) zusammen im dm vorm Kloreinigerregal und uns danach an der Tramhaltestelle gegenüber.

Du warst bepackt mit diversen Reinigungsmitteln, unter anderem einem Wischmop.

Solltest Du Hilfe beim Putzen brauchen, gib mir Bescheid.

Du findest mich jeden Montag Abend ab 21.15 Uhr

im

Jeder ist tanzbar

Fahrscheine
Tickets
Richtung
Liebe

Bitte hier entwerten
Please validate here

54

---

hermosa Sara (D.R.)

I wanted to write you, but my celular didn't saved your number. Noooo.
I can't find you on FB, so i hope you will notice my oldschool text here...

The only things i know are the Sage, where you have been missed the last 2 weeks, and this subway station. So i hope you're going to read this.

Just write me over the website of my band, el nivel (en alemán), remember?
Hope to read you soon.

Sören

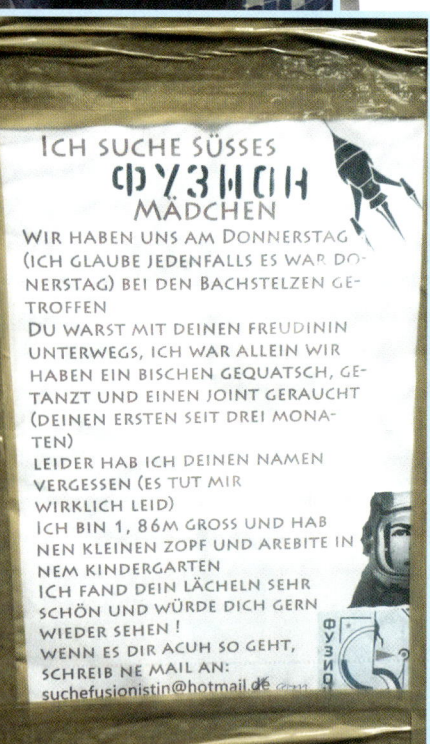

ICH SUCHE SÜSSES
ФУЗЈОН
MÄDCHEN

WIR HABEN UNS AM DONNERSTAG (ICH GLAUBE JEDENFALLS ES WAR DONNERSTAG) BEI DEN BACHSTELZEN GETROFFEN
DU WARST MIT DEINEN FREUDININ UNTERWEGS, ICH WAR ALLEIN WIR HABEN EIN BISCHEN GEQUATSCH, GETANZT UND EINEN JOINT GERAUCHT (DEINEN ERSTEN SEIT DREI MONATEN)
LEIDER HAB ICH DEINEN NAMEN VERGESSEN (ES TUT MIR WIRKLICH LEID)
ICH BIN 1, 86M GROSS UND HAB NEN KLEINEN ZOPF UND AREBITE IN NEM KINDERGARTEN
ICH FAND DEIN LÄCHELN SEHR SCHÖN UND WÜRDE DICH GERN WIEDER SEHEN !
WENN ES DIR ACUH SO GEHT, SCHREIB NE MAIL AN:
suchefusionistin@hotmail.de

Liebe Lisa !
Es tut mir leid, dass ich versucht habe dich umzubringen Ich würde mich sehr freuen, wenn ich morgen (heute) trotzdem an eurem Frühstück teilnehmen könnte ... ich

Stadtauto

Wenn du so bumst, wie du parkst ...

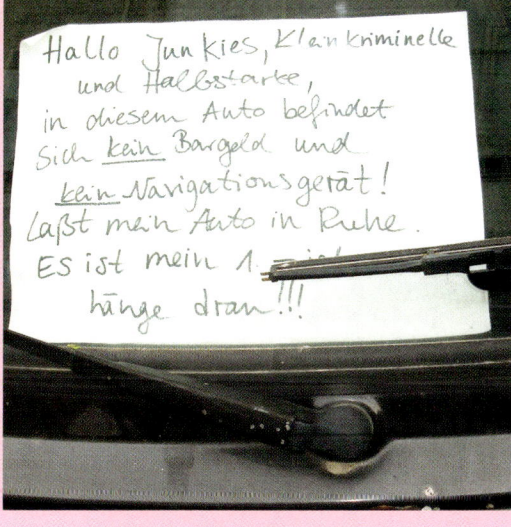

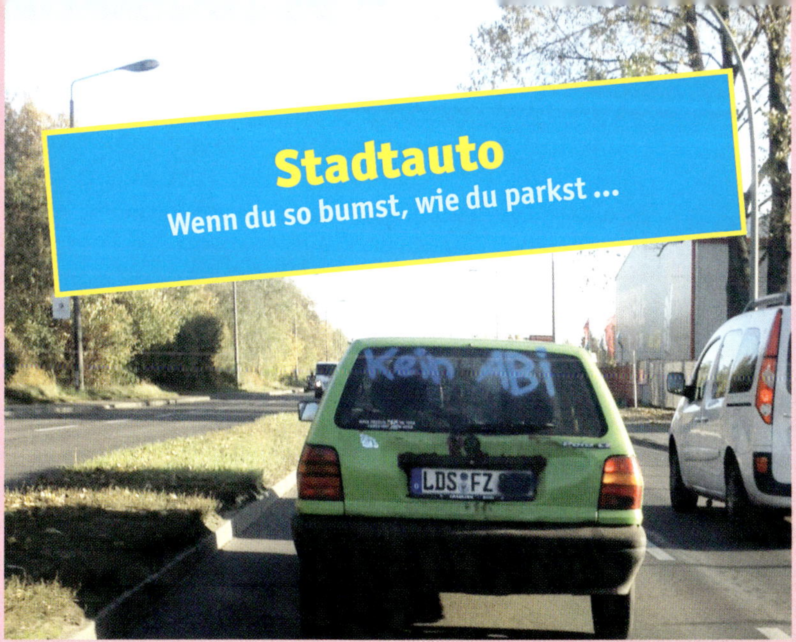
Kein ABI

Hallo Junkies, Kleinkriminelle
und Halbstarke,
in diesem Auto befindet
sich kein Bargeld und
kein Navigationsgerät!
Laßt mein Auto in Ruhe.
Es ist mein 1.
hänge dran!!!

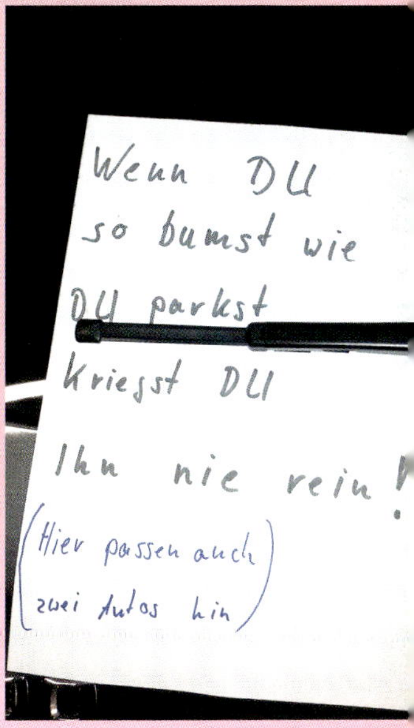
Wenn DU
so bumst wie
DU parkst
kriegst DU
Ihn nie rein!
(Hier passen auch
zwei Autos hin)

PM · P

Paris

Einbrecher Nr. [████]!!
laß mein Auto ganz

Dieser Bus wurde in den letzten Monaten
besprüht (lasst doch wenigstens die
Fenster frei), verkratzt, aufgebrochen,
demoliert, beklaut, geklaut und
entführt...
Leute, es reicht langsam!
Kostet alles Zeit, Geld und Nerven!
Also, hört auf mit dem Scheiß!!!

der gequälte Bus und seine einnervte Halterin

Herbst

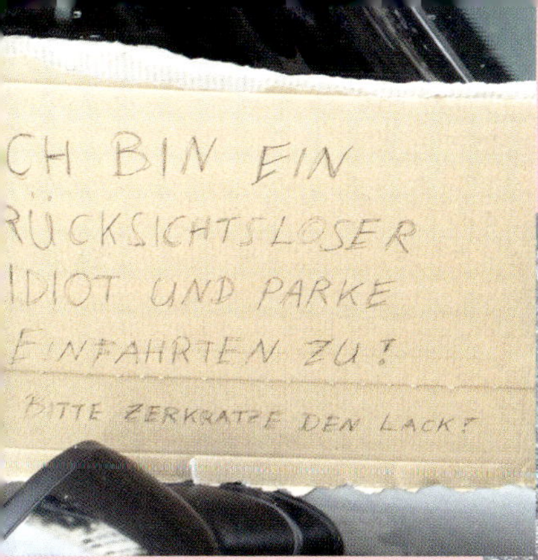

CH BIN EIN
RÜCKSICHTSLOSER
IDIOT UND PARKE
EINFAHRTEN ZU!
BITTE ZERKRATZE DEN LACK!

ICH HABE EINEN WINZIG
KLEINEN PENIS
DESWEGEN FAHRE ICH DIESEN
RIESEN PKW IN DER CITY.

Parken Sie in Zukunft Ihren
Blechhaufen bitte so, daß Sie
Andere nicht behindern.
Bei Wiederholung schmeiß
ich Ihre Karre auf den Müll!

FAHR DEIN
SCHEISSAUTO
WEG!
SOFORT!

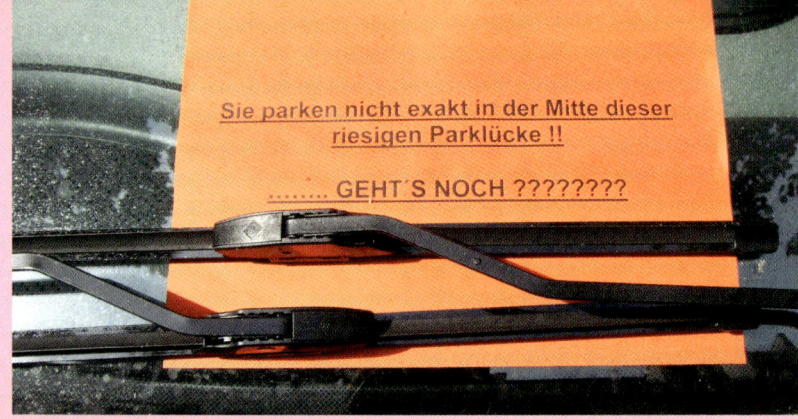

Sie parken nicht exakt in der Mitte dieser riesigen Parklücke !!

.... GEHT´S NOCH ????????

58

Das ist ein Klimakiller

Fast so schön schlimm wie Fleisch

Kleine
in der Großstadt
Ich heiße Karl und wünsche mir einen Pokal!

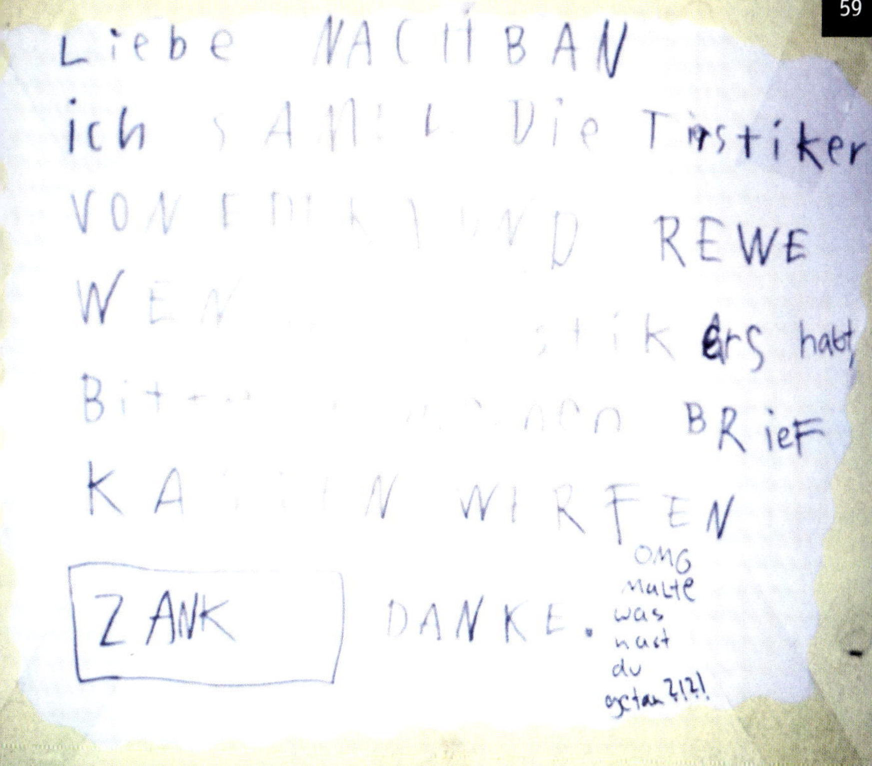

59

Liebe NACHBAN
ich SAMEL Die Tostiker
VON EDEK UND REWE
WEN ... stik ers habt,
Bit... ...en BRIeF
KA...N WIRFEN

ZANK   DANKE.

OMG
malte
was
hast
du
getan?!?!

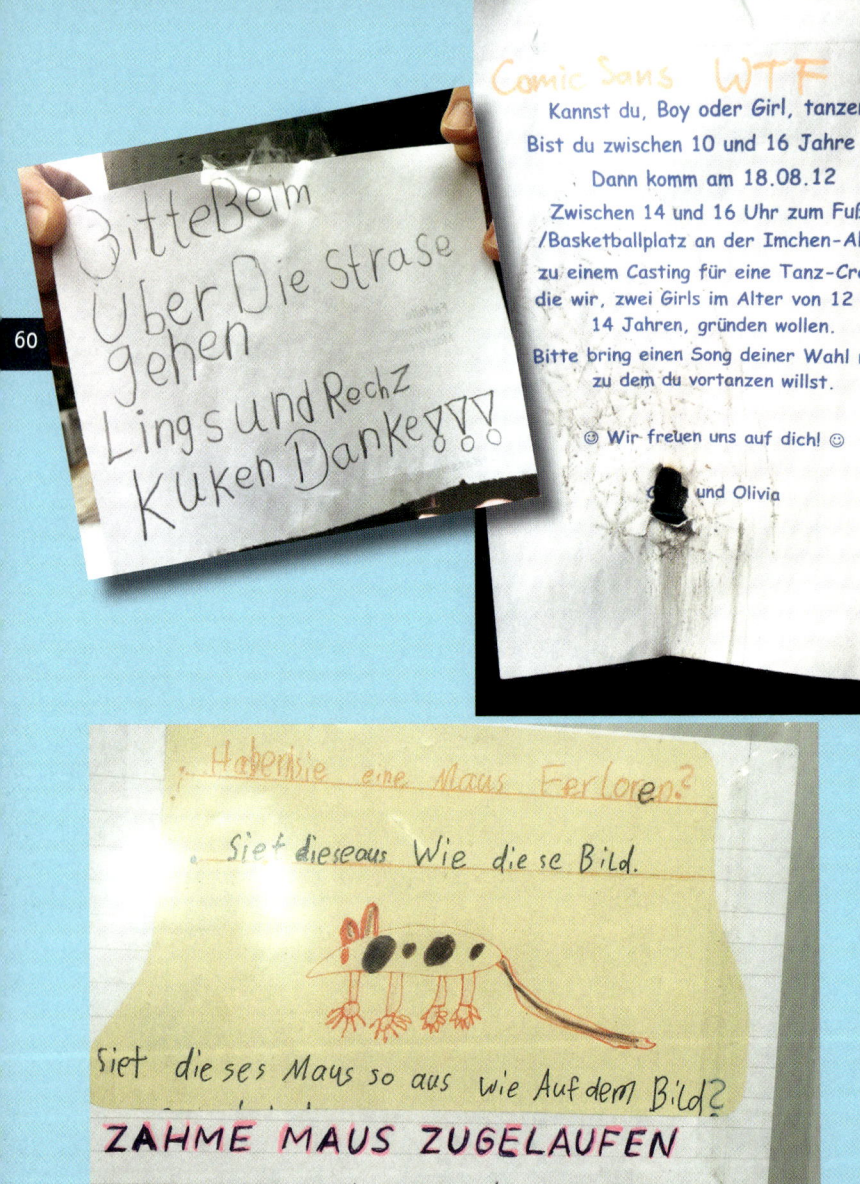

Lion

Ich suche

. Freunde

Hobis

Federball

Slomvas

Schach

Klettern

Rollschuvahren

Lion 8 Jahre

ruf mich
an
0170-
55005

Wir haben einen Hasen
verloren. Wir wissen
wo er ist. Aber Müssen
ihn apkaufen dafür Brauchen
Wir Geld.

Unsere Oma hat
die Brille am
5.2.13 verloren.
und kann nun
nichts mehr
sehen.
Finder bitte
unter.
Tel. 030 247
melden
Danke
Cora rom.
dafür @unsereOma jetzt @

Ich heiße Karl, bin 10
Jahre alt und wünsche
mir einen Pokal!
Wer hat einen übrig für mich?
3. Platz
1. Platz
2. Platz
Bitte Meldet euch!

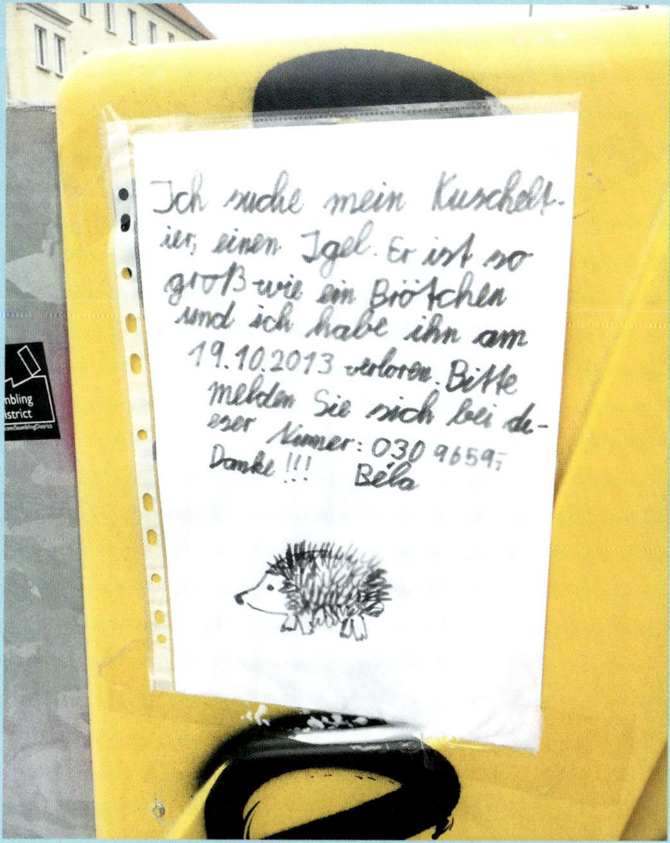
Ich suche mein Kuscheltier, einen Igel. Er ist so groß wie ein Brötchen und ich habe ihn am 19.10.2013 verloren. Bitte melden Sie sich bei dieser Nummer: 030 9659
Danke!!! Béla

suchen Leute, die mit uns
fußball-Sticker
tauschen!!!
wir freuen uns, wenn ihr euch
und Hans: 61276
EURO2012

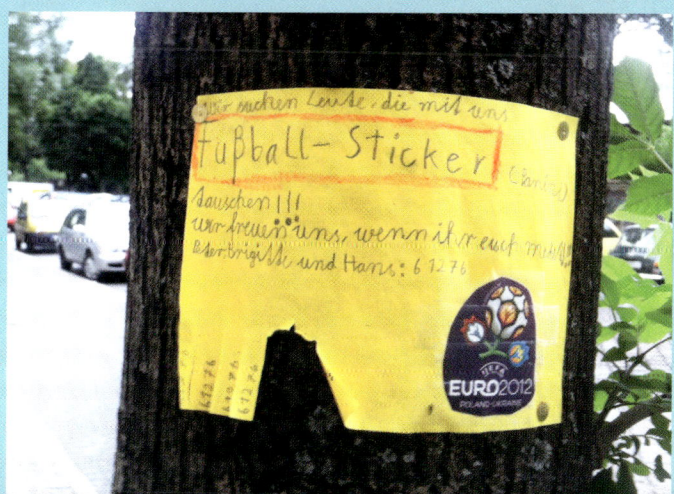

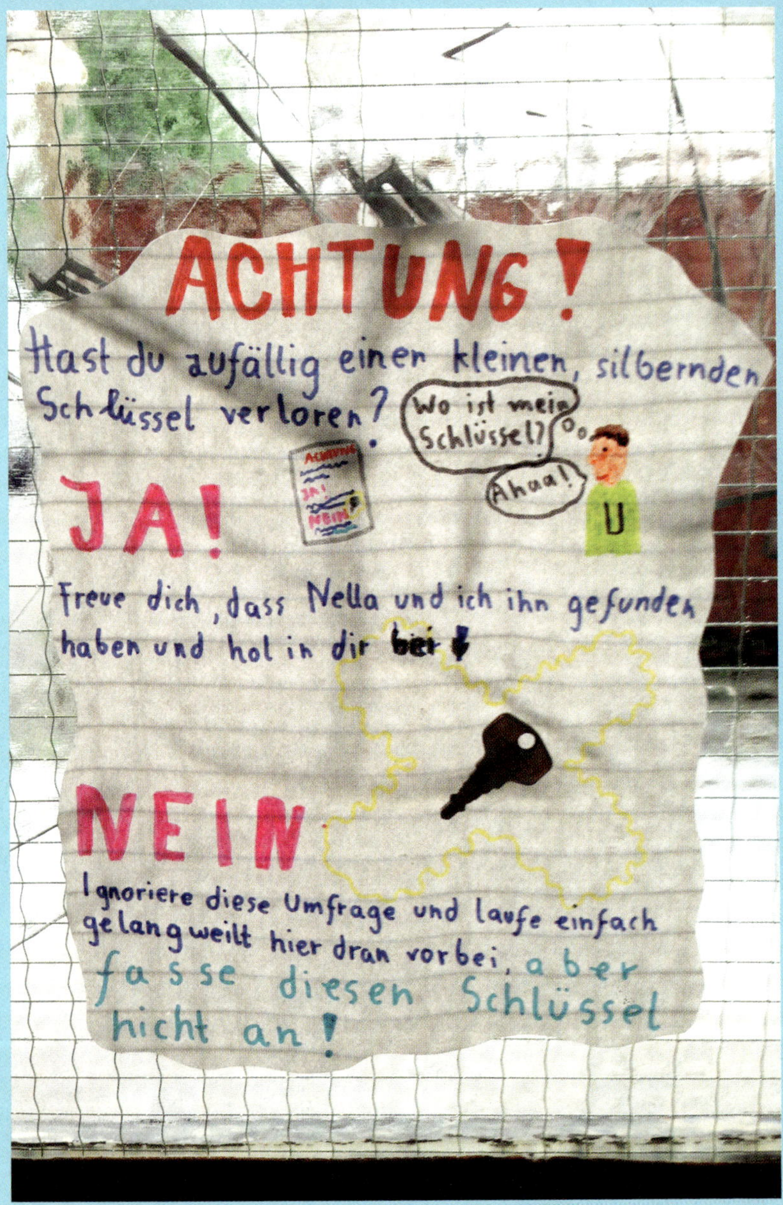
ACHTUNG!
Hast du zufällig einen kleinen, silbernden Schlüssel verloren?
Wo ist mein Schlüssel?
Ahaa!
U
JA!
Freue dich, dass Nella und ich ihn gefunden haben und hol in dir bei
NEIN
Ignoriere diese Umfrage und laufe einfach gelangweilt hier dran vorbei, aber fasse diesen Schlüssel nicht an!

Diebe und Einbrecher

Ich hoffe, du fühlst dich schlecht!

Liebe Einbrecher,

herzlich Willkommen in unserem Keller. Vielleicht freut ihr euch gerade darüber, dass die Tür nicht verriegelt ist, aber leider muss ich euch enttäuschen. Aufgebrochen wurde sie von einem eurer Vorgänger. Der hat

alles von Wert mitgenommen, was nicht schon die drei vor ihm entwendet haben. Es lohnt sich also wirklich nicht, unsere ganzen Kisten ein weiteres Mal aufzureißen, um, wie schon viele vor euch, festzustellen, dass darin nur unmodische Kleidung enthalten ist und

allerlei ebenfalls nicht verkäuflicher Krempel. Wenn ihr im Vorderhaus, 1. OG links, anklingelt und nett fragt, gebe ich euch gerne eine Zigarette, mehr ist hier allerdings nicht zu holen. Tut uns leid.

Verehrter Weihnachtsfigurendieb

Wir wünschen Dir eine Dauer-Erkältung und das Dir im Neuen Jahr die Pfoten abfaulen mögen.

Mit weihnachtlichem Gruße

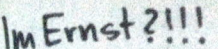

Du hast mir meine neu gekaufte 30 € teure Pflanze geklaut.

Sie stand keine 10 Minuten im Treppenhaus. Ein "Zum Mitnehmen"-Schild war da nicht dran!

Ich hoffe nur du fühlst dich schlecht und kannst nachts nicht ruhig schlafen. Man klaut nämlich nicht. Falls du es nicht wusstest.

Solltest du Gewissensbisse und doch ein paar Eier in der Hose haben, kannst du sie mir gerne wiedergeben!

Einfach vor die Tür stellen ist auch ok, wenn nur ein Ei vorhanden.

Ich wohne in der pflanzenlosen 2. Etage, links.

<u>Danke.</u>

nd was, wenn ich eine Frau bin
?

Lieber Geld-aus-dem-Portemonnaie-Nehmer,

Du hast in der Nacht vom 16.01 (21.00 Uhr) auf den 17.01 (9:00 Uhr) einen ganzen Batzen Geld aus meinem Portemonnaie genommen, das ich im Fahrradkorb vergessen habe.

Ich hoffe, dass du das Geld wirklich sehr sehr nötig hast und irgendetwas GUTES damit anstellst.

Du könntest zum Beispiel:

- Gute Freunde zum Essen einladen
- Etwas mit deiner Familie unternehmen
- Einer lieben Person, einen langersehnten Wunsch erfüllen
- Eine Spende für gute Zwecke machen
- ....

Und wenn du es tatsächlich so dringend für dich selber brauchst, dass es dir wert ist, deine moralischen Grundsätze über Bord zu werfen, kannst du es auch für dich behalten.

Bevor du dir aber irgendwelches überflüssiges Zeug davon kaufen möchtest, solltest du mir das Geld lieber wieder zurückgeben.

Vielleicht **fasst du dir ja ein Herz**, gehörst **insgeheim doch zu den guten Leuten** und wirfst es in den Briefkasten, mit dem Namen **„Wilde"**. Einen Finderlohn von 25 Euro kannst du ruhigen Gewissens für dich behalten.

Ein Hoch auf die Ehrlichkeit!

Viele Grüße

Mit dem Diebstahl des Buches

„Alles inklusive" von Doris Dörrie

- mit Umschlag von meinem Briefkasten - hast Du

(alte Drecksau!) echt Pech gehabt, denn der Film

ist vielfach besser als das geklaute Buch.

Hanswerner Kruse

PS. Der Wedding ist ja selbst an seinen Rändern so asozial wie
sein Ruf!

Ein freundliches Hallo!

Ayo

An den Penner, der tagtäglich denkt, sein fehlendes Selbstwertgefühl durch das Entwenden fremder Post steigern zu müssen. Uns sind schon ein Haufen Briefe deshalb unwiederbringlich abhanden gekommen und erhebliche Nachteile entstanden! Wir sind tierisch sauer!

Möge dich doch einfach der Blitz beim Scheißen treffen und der Liebe Gott/Allah/Jawe (Zutreffendes bitte auswählen) deine ganze Familie ab dem heutigen Tage mit einer lebenslangen Diarrhö (Das bedeutet „Durchfall" du Dummkopf und ja das schreibt man so!) belegen und immer dafür sorgen, dass niemals Toilettenpapier zur Hand ist!

Briefe klauen ist das Letzte! Und wenn wir dich nicht finden werden, dann wird es die NSA tun und dich in Guantanamo waterboarden bis die Sonne nicht mehr scheint!

Ein Haus ein Kasten. Basta

Es grüßen,

einige Bewohner der Frankfurter Allee 94A

DAS IST DUMM

DAS IST ABSOLLUT GEISTIG BEHINDERT

DANKE DIR LIEBER DIEB!

Dank dem lieben Dieb, der unseren *Gollum*
aus dem Garten gestohlen hat!!!
Endlich sind wir von seiner Gemeinheit befreit! Die Skulptur
ist verflucht und verursacht Hodenreißen, leichten
Schwindel vor dem Einschlafen und Hautausschlag
auf den Händen. (Siehe auch Herr der Ringe Seite 412!)

Um den Schaden bei Dir abzuwenden lieber Dieb,
musst Du Dir die Figur selber wieder stehlen lassen!!!
Verschenken oder im Kanal versenken hilft nicht,
das haben wir schon ausprobiert.

FRODO SEI MIT DIR!

AN DIE EINBRECHER!

In der Praxis befinden sich **keine = 0**
Drogen !
Kräuter (!) werden von mir lediglich ver-
schrieben; die Patienten holen sie sich
selbst aus der Apotheke.

Auch befinden sich keinerlei Wertgegen-
stände in der Praxis, weder PC noch Ste-
reoanlage, noch Bargeld, noch sonst etwas
(naja, eine Mikrowelle, NP € 40).

Angesichts dessen lohnt sich das Risiko
eines Einbruchs hier gesichert nicht!

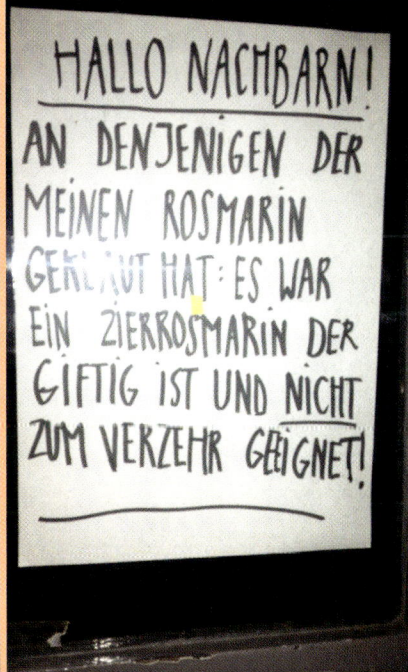

HALLO NACHBARN!
AN DENJENIGEN DER
MEINEN ROSMARIN
GEKLAUT HAT: ES WAR
EIN ZIERROSMARIN DER
GIFTIG IST UND NICHT
ZUM VERZEHR GEEIGNET!

Liebe Wer-auch-immer-ihr-seid,

in den letzten paar Wochen habt ihr Kennzeichen von mir geklaut und 2 mal mein Auto zerkratzt, beim 2. Mal nun so **schlimm**, daß ich es wegen Rostgefahr lackieren lassen muss. Komplett. Kosten: 1000 EUR. Kennzeichen neben Zeitaufwand **bei KFZ** Stelle (und Polizei, sonst kriegt man kein neues Kennzeichen) **noch**mal ca 50 EUR.

Mein silberner Bus sieht für euch vielleicht Yuppie mäßig aus, **ist** aber ein fast 10 Jahre alter Hyundai Bus, den ich 2006 gebraucht **gekauft** habe. Ich habe keinen Arbeitsvertrag sondern versuche mit Musik irgendwie über die Runden zu kommen, deswegen ist es für mich **auch** schwierig, eine neue Wohnung zu kriegen, aus meiner im ältesten, unrenoviertesten Haus der Rigaer Str muss ich nämlich nach fast 13 Jahren raus, weil hier Eigentumswohnungen entstehen.

Apropos wir hatten die letzten 5 Jahre 3 mal Feuer aufgrund der Auseinandersetzungen rund um die Liebigstr/Rigaer 94. Das letzte mal holte uns nachts um 2.30h die Feuerwehr mit Brechstangen aus den Wohnungen, weil der erste Stock in Flammen stand.

Könnt ihr nachfühlen, wie es mir geht, wenn ich zu meinem Auto komme und finde es demoliert vor?

Ich weiß ja nicht, ob es „politisch" motiviert war oder einfach nur besoffener Hass, aber es ist mir auch egal, ihr habt den falschen getroffen und ich darf nun sehen, wie ich zu meinen anderen Problemen 1000 EUR fürs lackieren auftreibe, denn die Versicherung zahlt es nicht.

Schaltet mal Euer Herz und Gehirn wieder ein. Und gebt das auch mal an nicht deutsch sprechende Freunde weiter.

Danke.

An die **drei renitenten Herren**
die nun das zweite Mal bei mir
eingestiegen sind.
    Wie Ihr Geistesgrößen nicht
bemerkt habt werden meine
Räumlichkeiten **videoüberwacht**.
    Ich würde Euch nun bitten es
hier nicht nochmals zu versuchen.
    Die Polizei hat die Filmchen und
wird sich mit etwaigen
Fragen an euch wenden.

    beste grüße

An die Einbrecher!
Ab heute ist
Klauverket, sonst
gibt es was auf die
    Fresse. Dann fliegen
die Zähne durch die
Gegend. Der Spinn
lauert überal. Vorsicht

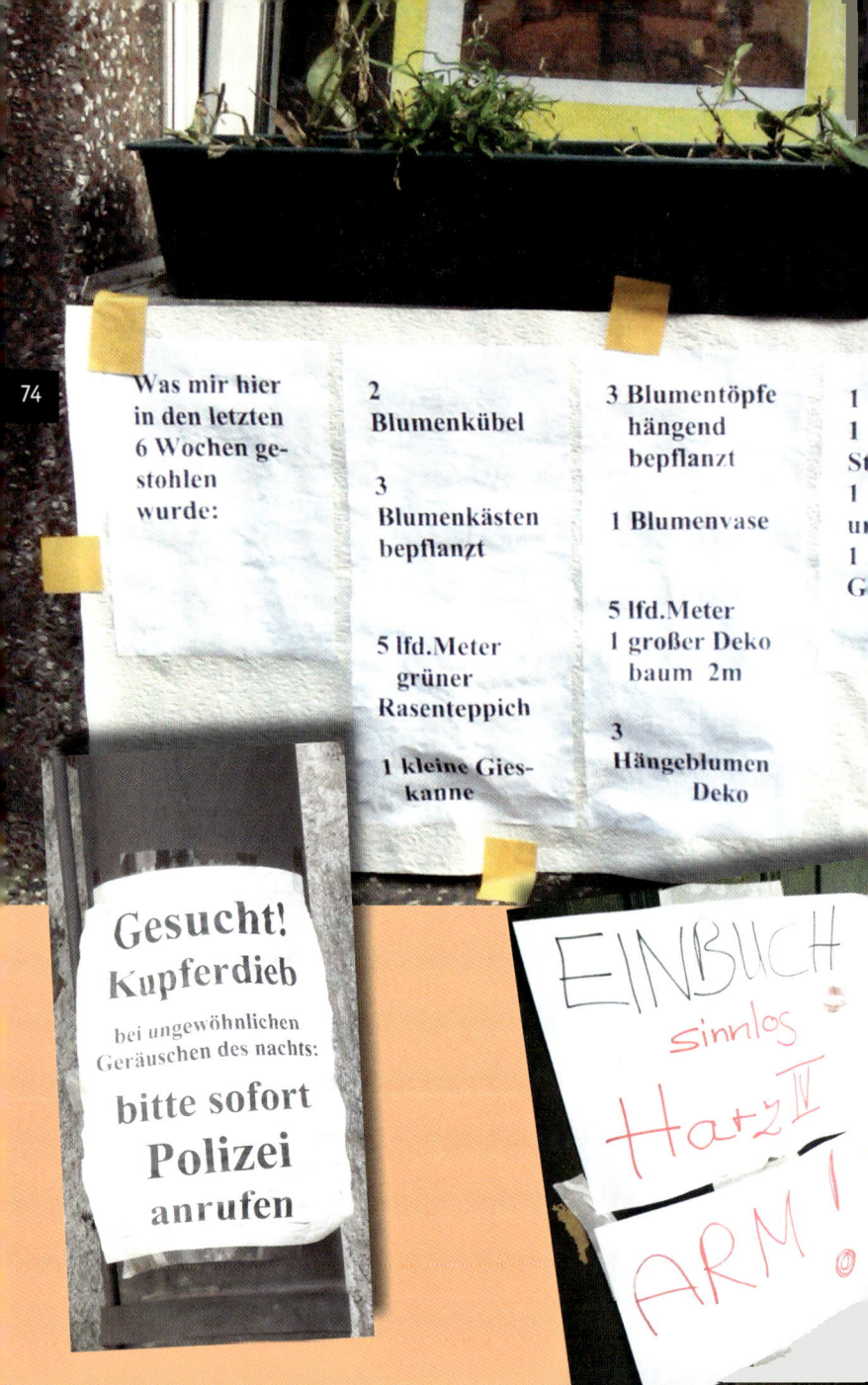

Was mir hier in den letzten 6 Wochen gestohlen wurde:

2 Blumenkübel

3 Blumenkästen bepflanzt

5 lfd.Meter grüner Rasenteppich

1 kleine Gieskanne

3 Blumentöpfe hängend bepflanzt

1 Blumenvase

5 lfd.Meter
1 großer Deko baum 2m

3 Hängeblumen Deko

Gesucht!
Kupferdieb

bei ungewöhnlichen Geräuschen des nachts:

bitte sofort
Polizei
anrufen

EINBUCH
sinnlos
Hartz IV
ARM !

ch

besen

te

ne

2 Stühle

1 Kinderbank
(Treppe blau)

3 x Aschen-
becher

was wirklich schlimm
ist:

Vorige Woche
hat sich eine
ältere Frau
nachts um 2h
mit Aldituute
bewaffnet und

eine große
gelbe
Hängeblume
geklaut.
Sie wurde
dabei erwischt

und musste
die Blume
zurückgeben.
Wer Sie ist:

ca. 60 Jahre alt, mit
Gehstock und Hund
(Mischling)und
wohnt hier ganz in
der Nähe

Alle Dinge sollten zur
Verschönerung der
Straße sein
Das alles
hat auch Geld
gekostet Zeit und
Arbeit
An den Dieb Dieben
Soll das fair sein ?

..... und speziell...

An: **Denjenigen, der die Lichterkette
abmontiert und geklaut hat :**

und

- mögen ihm die Finger abfaulen

- möge ihn der Blitzschlag treffen - denn der Stromschlag
  kann's nicht, ...

  weil die Trafos auch geklaut wurden!!

-
-
-
    MfG
      Die Hausgemeinschaft

Der, der hier die Pflanzen ausgegraben und geklaut hat, soll wissen:

Beim Anblick jeder blühenden Pflanze oder Blume sollst Du für den Rest Deines Daseins daran denken müssen, dass Du Dir das Unglück ins Haus geholt hast! Es wird Dich verfolgen bis zum letzten Tag Deines Lebens!

Berlin ist kein Wunschkonzert
Bitte kein Brot in den Hof werfen.

WERTE BESUCHER INNEN
DES KARNEVALS
DER KULTUREN,

in diesem GARTEN
spielen KINDER.

Bitte geht doch also zum
PINKELN, KACKEN, KOKSEN,
KIFFEN, FICKEN (ja! Ist wirk-
lich alles in der Vergangeheit
hier passiert) oder was ihr
sonst so vorhabt IRGENDWO
ANDERS hin... aber doch bitte
NICHT HIER!

VIELEN DANK!

BITE!!!
WENIGER
HACK-
FRESSEN

Bitte hier keine Kippen „einpflanzen".

STOPP!

Daraus wachsen garantiert keine neuen Zigaretten!

Bitte vermeiden Sie
• die Floskel
„Ich komme mal wieder, wenn ich mehr Zeit habe"
• Sie werden nie „mehr Zeit" haben!

Bitte nicht an die Scheibe klopfen. Danke!

Bitte ...
Nicht Klotzen!

Ich Fick ja
auch Nicht
Vor ihrem
Esstisch!

Danke

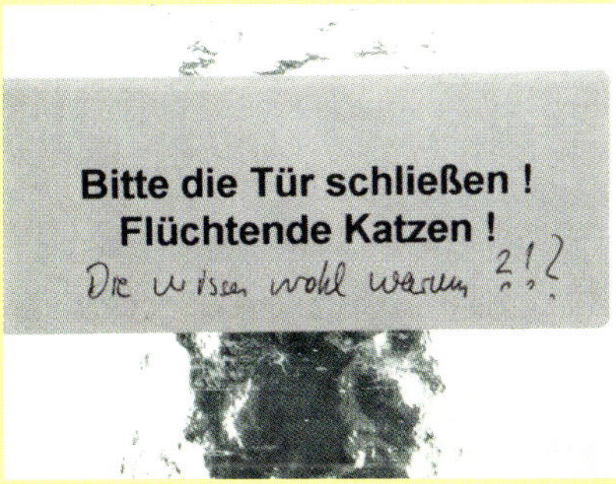

Bitte die Tür schließen !
Flüchtende Katzen !
Die wissen wohl warum ?!?

BITTE KEIN
BROT
MEHR IN DEN HOF
WERFEN. DIE
KINDER ESSEN
DAS. TAUBEN KACKEN
ALLES VOLL.
KEIN BROT

Meine lieben Freunde,
Bitte kifft woanders!
Allah sieht alles ;)
auch in der Weserstr. 19

**BITTE HIER IM
RESTAURANT DAS
ESSEN NICHT
INSTAGRAMMEN!**

(Diesen Zettel bitte auch nicht!)

Bitte die Scheiben nicht

bekleben

Bitte die Scheiben nicht

einschlagen

Hier Eröffnet

demnächst ein

Laden für Sie

DANKE

Tür an Tür
Bitte entschuldigen Sie
meine unkontrollierten Wutausbrüche!

Lieber Henry!

Ich mochte Dich um einen großen Gefallen bitten: Es wäre toll, wenn Du morgens so lange ganz leise sein könntest, bis Du auf der Straße bist. Du hast eine sehr kräftige Stimme, die im Hof auch durch geschlossene Fenster und in der Einfahrt sogar durch Wände dringt. Und Menschen, die abends lange arbeiten, schlafen um diese Zeit oft noch.

Ich wäre Dir sehr, sehr dankbar, wenn Du das tun könntest!

Herzlichen Dank und viele Grüße

Karin

Hej Karin !
Ziehst Du mit mir aufs Land? Da ist es ganz doll leise, nix Stadtlärm!
Ein Verehrer

Liebe Karin,
ich bin übrigens auch ganz ... und muss ehrlich gesagt auch ... ich hör Henry nie !
Liebe Grüße
Tim

liebe Karin,
wo bist du eigentlich ?!! Ich kann gerne ... versuchen, leiser zu sein. Aber ... ich mag es auch nicht, wenn ... nach 20 Uhr, wenn ich schlafe, ... im Hof r ... Straße ist.
-HENRI

AN JENE, DIE IHRE DACHTERRASSE ZU EINEN CLUB UMFUNKTIONIERT HABEN:
MÖGET IHR EUREN LEBENSABEND ALS HAUSMEISTER EINES SCHULLANDHEIMS FRISTEN.

WERTE NACHBARN
BITTE ENTSCHULDIGEN SIE DEN NÄCHTLICHEN TUMULT. ICH HABE MIT EINEM GEMEINEN WEBERKNECHT UM MEIN LEBEN GERUNGEN.

O.K.!

TO THE FUCKING IDIOT(S) WHO STILL DOESN'T GET IT...
YOU MUST CLOSE THIS FUCKIN' DOOR AFTER YOU GO THROUGH.
BECAUSE
a) IT'S FUCKING COLD OUTSIDE
b) OUR FLAT HAS BEEN ROBBED SEVERAL TIMES...
YOU FUCKIN' CUNT!

Like

Die Musik in diesem Haus ist ~~hoch~~ künftig bitte in Zimmerlautstärke ~~auszutesten sind, werden wir~~ gezwungen, die Polizei zu rufen.
Danke, die Nachbarn

..haben heute eine STINK-frucht bestellt. entschuldigen Sie bitte den geruch! WIR WERDEN ES NIE WIEDER TUN!!
(DURIANFRUCHT)

An die HIPSTER im 4. STOCK:
Willkommen im Kiez. Hier wohnen Menschen, die arbeiten. Macht die MUSIK LEISER, dreht euren BASS RUNTER und macht das FENSTER ZU!!!

LIEBE NACHBARN,

FALLS IHR EUCH GEWUNDERT HABT WAS HEUTE
FRÜH GEGEN SIEBEN FÜR LÄRM WAR.
MEIN HÄNGESCHRANK HAT SELBSTMORD BEGANGEN
UND MEIN GESAMTES GESCHIRR MIT IN DEN TOD
GERISSEN. ENTSCHULDIGT BITTE.

LG HERR ███████

Scherben bringen Glück!

Gibt es
eine Trauerfeier?
:-)

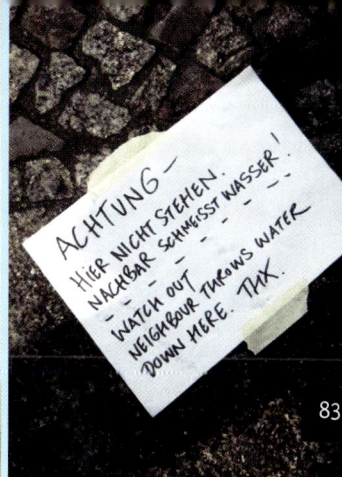

HALLO NACHBAR/IN,
ICH FIND ES ABSOLUT UNNÖTIG UND STÖREND,
DASS DU MORGENS UM 6(!!!) FLASCHEN IN DEN
CONTAINER WIRFST. WAS FÜR EINE VER-
*MALEDEITE IDEE. DENK BITTE NÄCHST
MAL DRÜBER NACH UND ENTSCHEID DICH
DANN AUS RÜCKSICHTNAHME DAGEGEN !!!
IHR NACHBAR

P.S.: DIE NACHRICHT IST NUR SO NETT, WEIL IM HAUS
AUCH KINDER IM LESEFÄHIGEN ALTER LEBEN
UND WEIL ICH GRAD VERKNALLT BIN.
DIE AUFFORDERUNG IS ABER ERNST GEMEINT !

Liebe Bewohner,

morgen am 23.03.14 [handschrift]
werde ich vor der
Graunstraße 11 meiner
Freundin einen
Heiratsantrag machen!
Alle sind herzlich
eingeladen. Ich bitte
um ein 10-minütiges
Lärm-Verständnis!

An die zwei stockbesoffenen Nachbarn
welche mich heute Morgen um 4 Uhr aus
dem Bett geklingelt haben und dann die
Treppe hochgekrochen sind:

Ich hoffe ihr hattet heute Früh den
übelsten Kater und die Kellnerin hat in eure
Getränke gespuckt!!!

Paket verschollen
Packetloss (*Ethernet sucks!*)

Hallo ihr lieben, durchgeknallten Nachbarn,

Am **14.1.2013** wurde in meinem Namen **Paket** entgegengenommen, welches ich aber **leider nie erhalten** habe. Laut DHL wurde das Paket mir persoenlich ueberreicht, da ich aber schon relativ lange aufgehoert habe intensiv feiern zu gehn, bin ich mir sicher mich daran erinnern zu koennen – waere es denn so gewesen!
Kann aber auch ganz gut sein das der **DHL Mensch** auch ein ziemlicher **verpeiler** ist und auf seinem geilen Windows CE PDA mit Touchscreen von 1995 einfach den falschen Knopf gedrueckt hat.
Wie dem auch sei. Ich wuerde mich freuen, wenn **Du** mir mein **Paket** mit dem **Einhorn Kostuem** aus Hongkong **vorbeibringen**, oder mich **anrufen** koenntest.
Kriegst auch 'n Bier.

Hello you beloved, crazy Neighbors,
*On the **14th** of January 2013, someone received a **packet** which was addressed to me. **I never received it.***
DHL Postman said the packet has been delivered to me personally and not to any neighbor or put into the entry of the building.
Since I stopped to go for excessive party i'am totally sure that I will remember if I would get such a packet, but I din't!
*Maybe the **DHL guy** was as **silly** as me and selected the wrong button on his very nice Windows CE PDA (with touchscreen!!1) from the good old 1995.*
*Anyway, I would like if **you** can **bring** me the packet which contains a*
unicorn costume *or **alternatively** just **call me**.*
There is already beer in the fridge!

Viele Gruesse

Liebe Nachbarn,

da das Hämmern aus dem sechsten Stock unentwegt weiter geht, fühle ich mich darin bestärkt, das Haus auch mit akustischen Genüssen zu versorgen. Immer wenn das Gehämmer wieder los geht werde ich mit entsprechend lauter Musik dagegen halten.

Damit es nicht ganz so langweilig wird, nehme ich Musikwünsche gerne entgegen. Das sorgt für Abwechslung und nervt am Ende des Tage zumindest nicht das ganze Haus.

Also, stimmen Sie gerne mit ab, was es demnächst mit ordentlich Bass auch in ihren vier Wänden zu hören geben soll!

Das gewünschtes GENRE einfach ankreuzen.

(   ) Blues

(   ) Britpop

(   ) Charts

(   ) Country

(   ) Dubstep

(   ) Hip-Hop

(   ) House

(   ) Jazz

(   ) Klassik

(   ) Metal

(   ) Oper

(   ) Punk

(   ) Reggae

(   ) Rock

(   ) Schlager

(   ) Techno

Liebe Hundebesitzer, liebe Herrchen und Frauchen...

Morgen, SONNTAG 12 Uhr mittags,

machen wir eine kleines Hundetreffen im Hinterhof!

Wer mag, kommt einfach mit seinem Wauzi für ein halbes Stündchen oder Stündchen mit runter.

Soziale Kontakte sind wichtig für unsere Vierbeiner und sie kriegen sie viel zu selten.

Eure Bälle und Lieblingsspielzeuge bringt doch einfach mit. Betreuung ist immer da, ihr könnt die Süssen auch unten abgeben.

Wir freuen uns, SISSI und VIVA

Falls es regnet, wird verschoben...

Schön wäre -wenn sich alle Vierbeiner gut verstehen- jeden, oder jeden zweiten Sonntag vielleicht ein kleines Hundestündchen?!

Kontakt gerne auch per Email über luetzowstrass   @web.de :)

Allen noch einen schönen Tag!

An alle Raucher ✓

Irgendein Idiot von Euch hat eine brennende Zigarette aus dem Fenster ge- worfen ✓ ~~XXXXXXXX~~ Sie ist im Mund von meinem Kind ge- landet und hat ihm seine Lippe verbrannt. Ihr habt doch selber Kinder, schämt ihr Euch nicht ? Leider hab ich euch nicht erwischt

---

An die Mieter ,die Ihre benutz

<mark>Kondome</mark>

Immer auf das Vordach werfen

Es ist eine Sauerei ! Wir wollen uns das nicht Tag für Tag anschauen müssen . Es gibt Mülleimer.
Sollten Sie keinen haben,wir werden gerne sammeln und eine kaufen.!!
Zur Beseitigung der Sauerei könnten Sie sich bei Fam. melden und die Kondome einsammeln.

Liebe Mitbewohner,

ich drehe am 11.03.2014 einen Clip.
Ich bitte um Nachsicht, wenn ich um 19:00 Uhr 4 oder 5 mal schreie.
Dieser Clip ist mir sehr wichtig.
Ich weiß, dass jeder Mensch seine Ruhe verdient und diese steht ihm auch zu. Daher beschränke ich mich bewusst auf auf maximal 5 Schreie.

Vielen Dank!

Norman B.   (4. OG)

Ist Ihr Leben wirklich so langweilig und ereignislos, dass Sie permanent durch dieses Fenster in fremde Wohnungen spannern müssen???

Was halten Sie davon, wenn ich Sie mal besuchen komm und Sie regelmäßig beobachte und schaue wie Sie so leben???

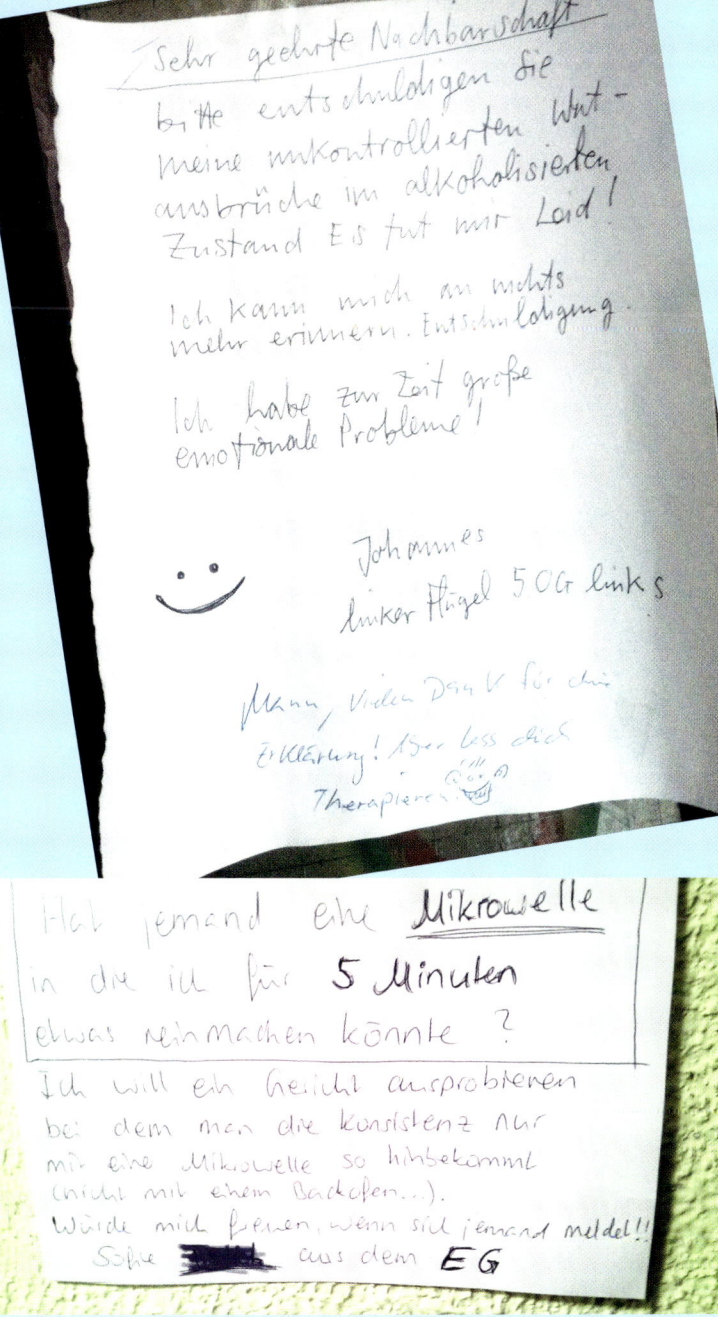

Sehr geehrte Nachbarschaft

bitte entschuldigen Sie meine unkontrollierten Wut-ausbrüche im alkoholisierten Zustand Es tut mir Leid!

Ich kann mich an nichts mehr erinnern. Entschuldigung.

Ich habe zur Zeit große emotionale Probleme!

Johannes
linker Flügel 5 OG links

Mann, Vielen Dank für die Erklärung! Aber lass dich Therapieren

Hat jemand eine **Mikrowelle** in die ich für **5 Minuten** etwas reinmachen könnte?

Ich will ein Gericht ausprobieren bei dem man die **Konsistenz** nur mit eine Mikrowelle so hinbekommt (nicht mit einem Backofen...).
Würde mich freuen, wenn sich jemand meldet!!
Sofie ~~████~~ aus dem **EG**

LIEBE HAUSMITBEWOHNER,
ICH BEOBACHTE MIT SORGE
EINE STÄNDIG STEIGENDE
PAKETLIEFERAKTIVITÄT.
DA ICH AUCH DAS EINE ODER
ANDERE PAKET FÜR EUCH
ANNEHME, ERSCHRECKT
MICH DIE HOHE FREQUENZ.
DAS INTERNET BIETET –
NEBEN VERSANDHÄUSERN –
AUCH EINE VIELZAHL VON
INFORMATIONEN Z.B. :

– ARD MEDIATHEK „AUSGELIEFERT"
  (ÜBER AMAZON)

– ZDF ZOOM ZALANDO

HIER ERFÄHRT MAN DEN
PREIS VON SO MANCHEM

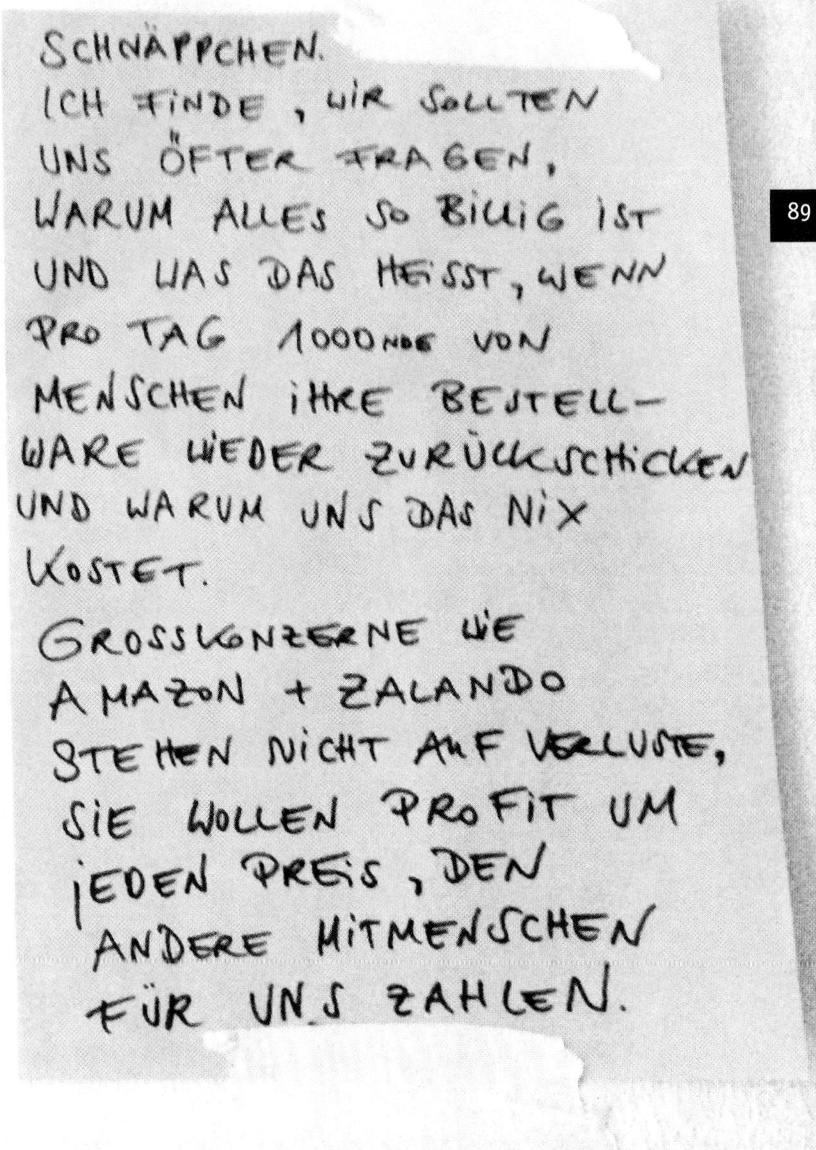

SCHNÄPPCHEN.
ICH FINDE, WIR SOLLTEN
UNS ÖFTER FRAGEN,
WARUM ALLES SO BILLIG IST
UND WAS DAS HEISST, WENN
PRO TAG 1000ende VON
MENSCHEN IHRE BESTELL-
WARE WIEDER ZURÜCKSCHICKEN
UND WARUM UNS DAS NIX
KOSTET.

GROSSKONZERNE WIE
AMAZON + ZALANDO
STEHEN NICHT AUF VERLUSTE,
SIE WOLLEN PROFIT UM
JEDEN PREIS, DEN
ANDERE MITMENSCHEN
FÜR UNS ZAHLEN.

LIEBE/R NACHBAR/IN

WER AUCH IMMER VON EUCH SEINE ABGESCHNITTENEN FUßNÄGEL IMMER IN UNSEREN GARTEN SCHMEIßT UND DIESE DABEI FAST AUSSCHLIEßLICH AUF UNSEREM ESSTISCH LANDEN, SCHMEIß DEINE FUßNÄGEL IN DEN MÜLLEIMER !!!

DANKE. Geil !!

Freund, wenn du dieses Haus betrittst, vieles nicht ganz sauber blitzt
Du merkst ... es hier Kinder ge... die man mehr als putzen liebt.

Da gibt ... Spuren an den Wänden kreiert von linken kleinen Händen
Wir m... das mal später we... jetzt spielen wir zuerst Versteck...

Spielzeug liegt an jedem Ort, doch eines Tages ist es fort
Die Kinder sind uns kurz geliehen sie erwachsen von uns ziehen

Dann wird auch alles aufgeräumt dann läuft der Haushalt wie uns... erträumt. Jetzt freuen wir uns a... unseren Gören und lassen un... dabei nicht stören.

Liebe Nachbarn!

Am 17.02.14 ist der errechnete Geburtstermin meines Babys. Ich plane eine Hausgeburt. Es könnte also sein, dass Sie einige Tage vor, nach oder direkt am 17.02. laute, urzeit-ähnliche Schrei- und Stöhngeräusche aus unserer Wohnung vernehmen.

Sie brauchen sich dann nicht wundern oder vor Schreck die Polizei alarmieren. Gern können Sie uns aber mental beistehen und Kraft wünschen... ;-)

Vielen Dank für Ihr Verständnis.

Beste Grüße

Jennifer   6.0G links

---

danke das du noch mall in unser treppenhaus gekozt hast und es nicht sauber macht!

vielleicht sollen wir auf jeden etage ein kotzeimer hinstellen?

- ich denke das wird nicht viel helfen weil du einfach zu dumm bist.... und es ist ein wunder das du überhaupt leben kannst mit so viel dumheit du arschloch!!!!

Danke Schöööu !!!...

Liebe Nachbarn und Nachbarinnen,

wir haben endlich blaue **Papiermülltonnen** auf dem Hof! Seit wir vor zwei Jahren hier eingezogen sind, diskutieren wir mit der Hausverwaltung über das Thema Mülltrennung. Nun haben wir erreicht, dass wir immerhin unser Papier getrennt entsorgen können. Das ist nicht nur ökologisch sinnvoll sondern auch **deutlich kostengünstiger** als die schwarzen Hausmülltonnen, die nun von acht auf fünf Tonnen reduziert werden. Dies kommt jedem von uns entgegen, da sich die Nebenkosten reduzieren.

Damit das so bleibt und wir zukünftig vielleicht noch gelbe Tonnen für Verpackungsmüll bekommen, bitten wir Sie, die Papiertonnen **ausschließlich für Papier und Pappe** zu verwenden. Styropor und ähnliches Verpackungsmaterial muss derzeit noch über den Hausmüll entsorgt werden. Werden die Tonnen falsch befüllt, werden sie nicht geleert und es entstehen für die weitere Entsorgung zusätzliche Kosten.

Gruß
Susi   und Gregor

Danke.

Danke!
Toll!
Danke auch!

Prima!
Danke.

FUCK!!!!!

RUCKSACK VERSCHWUNDEN!!!!

HEUTE MORGEN (DONNERSTAG, 6.3.2014) FUHR ICH MIT DEM FAHRRAD ZUM NORDBAHNHOF. PLÖTZLICH FEHLTE MIR MEIN RUCKSACK. ER LAG IM KORB AUF DEM GEPÄCKTRÄGER UND WAR AUF EINMAL WEG.

LEIDER SIND DAMIT AUCH VIELE FÜR MICH SEHR WICHTIGE DINGE WEG, DIE BERUFLICH EXTREM BEDEUTEND SIND

ES GEHT UM MEINE EXISTENZ!!!

DER RUCKSACK IST DUNKELBLAU MIT REFLEKTOR-STREIFEN AN DEN TRÄGERN UND "ZWEITEILIG" MIT EINER ART KOPFTASCHE AM OBEREN ENDE.

MEINE ROUTE:
KOLLWITZSTRASSE - SREDZKISTRASSE - HUSEMANNSTRASSE - DANZIGER STRASSE (LINKSSEITIG)
DANN STRASSENSEITENWECHSEL HÖHE HAGENAUER STRAßE - DANZIGER STRASSE WEITER (RECHTSSEITIG) BIS SCHÖNHAUSER ALLEE. DANACH (WEITER RECHTSSEITIG) AUF EBERSWALDER -> BERNAUER -> NORDBAHNHOF.

BITTE RUF AN, FALLS DU WAS GESEHEN HAST!!!

0163 / 38 6⁴ ⁰¹⁰ ISABEL

»Der Dieb hatte keinen Stil!«

Isabel J. (45) ist spät dran. Auf dem Weg zur Arbeit führt ihre Fahrrad-route sie vom Kollwitzviertel im Prenzlauer Berg bis nach Mitte zum Nordbahnhof. Mit dabei: ihr dunkelblauer Rucksack, vollgepackt und im Fahrradkorb auf dem Gepäckträger verstaut. Auf der Bernauer Straße überholt sie unzählige Radfahrer, auch, weil sie »alle Ampeln bei Rot genommen« hat. Bis auf eine, da musste sie anhalten und warten. Als es grün wird, tritt Isabel J. wieder kräftig in die Pedale. Aber etwas ist merkwürdig, irgendwie geht es jetzt leichter als zuvor. Reflexartig dreht sie sich nach hinten – und erblickt ihren leeren Fahrradkorb. »Das war ein irrer Moment!«, sagt sie. Wie kann der Rucksack unterwegs rausgeflogen sein? Panik steigt in ihr auf.

Sofort kehrt sie um. »Ich bin noch nie so schnell den Berg wieder rauf-gefahren.« Sie spricht alle Passanten und Fahrradfahrer an, die ihr nun entgegenkommen, ruft einigen zu und schaut ihnen genau nach, doch vergebens. Niemand hat etwas bemerkt. Die Nerven liegen blank.

Ausgerechnet heute hatte sie keine Umhängetasche dabei und ihr Portemonnaie mit sämtlichen Karten und Ausweisen sowie ihren iPod im Rucksack verstaut. Normalerweise, so sagt sie, »hab ich nie viel Geld dabei, aber an diesem Tag musste ich etwas in bar bezahlen.« Ein Umschlag mit 300 Euro war daher noch im oberen Fach untergebracht. »Und natürlich meine Musikunterlagen!«, über einen langen Zeitraum hinweg selbst komponierte Werke für ein bevorstehendes Theaterprojekt in London. Isabel J. wird schlagartig von Existenzangst ergriffen, auch weil sie feststellt, dass sich der Schlüsselsatz für eine Schließanlage ihrer Arbeitsstelle im Rucksack befand. »Ich hätte eigentlich an dem Tag gleich Privatinsolvenz anmelden können.«

Zusammen mit ihrem Freund Tom und einer Freundin erstellt sie am Computer ein Gesuch: »Fuck!!!!! – Rucksack verschwunden!!!! – Es geht um meine Existenz!!!« Eigentlich entspricht diese direkte Wortwahl nicht Isabels J. sanftem Wesen: »Ich weiß nicht, ob ich alleine die Kraft dazu gehabt hätte.« Aber Tom meinte, »schreib das so, so fällt das mehr auf«. Mit dickem Klebeband ausgerüstet marschieren die drei los und hängen 150 Zettel auf. »Wir haben die an alles geklebt, was auf Augenhöhe war.« Zusätzlich verteilen sie noch 100 Handzettel in allen Läden entlang der Wegstrecke. Die Leute reden ihr gut zu (»so was hab ich auch schon einmal erlebt, der taucht bestimmt wieder auf!«), und es gibt Kaffee for free.

Am nächsten Morgen klingelt ihr Handy: »Hier ist die Gedenkstätte Berliner Mauer. Der Gärtner hat Ihren Rucksack auf unserem Gelände gefunden. Da sind so Papiere drinnen und in einem Fach klimpert was.« Bis auf den Geldumschlag, das Portemonnaie und den iPod war alles noch da. An jener einen Ampel, an der sie tags zuvor für kurze Zeit gehalten hatte, direkt bei der Gedenkstätte, musste es also passiert sein: Jemand schnappte sich den Rucksack aus ihrem Fahrradkorb, entwendete die Wertsachen und warf ihn dann wieder weg.

Eine weitere Suchaktion, bei der sie mit einem Spezialschlüssel ihres Freundes zusammen über 20 Mülleimer in der nahen Umgebung öffnen, bleibt erfolglos. »Der Dieb hatte keinen Stil! Er hätte sich doch das Geld nehmen und das Portemonnaie in einen Briefkasten oder Mülleimer werfen können!«

Doch in den Ärger, nun kostbare Lebenszeit in die Wiederbeschaffung der Dokumente stecken zu müssen, mischt sich trotz allem das befreiende Gefühl, einmal ganz ohne diese zu sein …

95

BELOHNUNG

Grüne Leinen-Umhängetasche
gestohlen !

- 100 € Finderlohn / Belohnung
- (keine Polizei !)
- 0152-231303

JAM FM
BLACK & DANCE RADIO

Silbernes **Kreuz** (Kettenanhänger) verloren

Wer es findet bitte bei mir melden :
017055305

Finderlohn ...auch für Atheisten und Satanisten

lost a little silver cross. if you find it, please call
+49 170 55305
get rewarded by me and maybe later in heaven

HABE HEUTE
4.3.13 HIER

670€

VERLOREN.

BITTE DEN **EHRLICHEN
FINDER** UNTER **01511
444 01**   ZU MELDEN.

RUCKSACK VERLOREN?

Mutterpass
Autoschlüssel
Hundefutter
Kleidung

BITTE RUF AN: 0176/99628

Wer hat mein griechisc
orthodoxes Taufkreuz
gefunden?

Ich habe es am Mittwoc
dem 6. November hier
verloren.

Guter Finderlohn.

Dem Fremdbesitzer bri
es Unglück, da es ein
Taufkreuz ist.

Tel.: 0177 50 49 6

---

hir

18 manntag

ich habe TELEFon

Ferloren. we hat Gefunden
yarum zürük nich Gegeben.
ich Fike ~~unsere~~ ihre FAMile
GAnze.

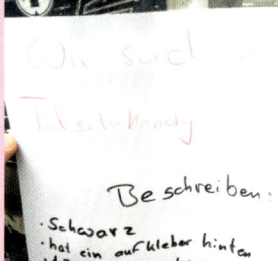

Schublade, wo bist Du?

Seit gestern vermisse ich
Dich, und Du passt doch
so gut zu den zwei
anderen in der
Kommode. Bitte melde
Dich unter 851 39
oder stell Dich einfach
wieder dahin, wo Du
warst. Vielen Dank

Fotoaparat Vermisst

Am 28 Juli habe ich eine Fotokamera im
Tiergarten verloren. Ich habe Hasen
fotografiert.
Wenn jemand die Kamera gefunden ha
bitte ich den Finder die Kamera bei der
Russischen Botschaft abzugeben oder
unter der Nummer
01762
anzurufen.
Ich bin ein Rentner aus Russland,
Nikolai

Hallo ehrliche Finderin, hallo ehrlicher Finder!

Ich habe am Donnerstag den 16.05.2013 hier im Hörsaal im EG meine Sonnenbrille inklusive Lederhülle und Tuch liegen lassen aka vergessen aka verloren. Es wäre mir und meinem studentischen Finanzen sehr entgegenkommend wenn du mir das zurückgeben könntest. Melde dich einfach unter **0151-172256** und wir können eine Übergabe vereinbaren und ein Finderlohn wäre auch drin.

Hallo unehrliche Finderin, hallo unehrlicher Finder!

Du freust dich bestimmt heute noch über diese schicke Sonnenbrille. Ich hoffe sie verpasst dir hässliche Druckstellen im Gesicht. Möge dir die Freude über dieses unverdiente Geschenk deines erbärmlichen Lebens so lang wie möglich erhalten bleiben. Dein elendiges Karma wird dafür sorgen dass du das dämliche Grinsen verlierst und in diesem Jahre die drei dir wichtigsten Dinge abhanden kommen. Das wäre auf jeden Fall die angenehmere Möglichkeit, denn wenn ich dich mit der Brille sehe kommst nicht nur du in die Hölle.

Danke für die Aufmerksamkeit. Max

HILFE

100 EURO Belohnung!

Habe **am Sonntag, den 25.8.** auf dem **FLOHMARKT MAUERPARK** versehentlich den **Winkelmesser** (Lehrlingsarbeit) meines Schwiegervaters in spe verkauft. Er trägt die Gravur 5081.

Brauche ihn unbedingt zurück!!!

TEL. 0176.1018

95050922

Steuererklärung im Sturm verloren!!!

Haben Sie meine Papiere gefunden?

Bitte anrufen unter: 0174944

Rümnischer verloren
Ausweispapiere in diesem
Bereich bitte Jahrhunderts,
fand mich wieder auf
Belohnung bieten Sie
erreichen mich unter der
Nummer 015166439
kontaktieren

Mehr bitte und danke

GOLDEN JACKET

MY BELOVED DARLING,

LAST SUNDAY YOU HAVE BORROWED MY GOLDEN JACKET. PLEASE BRING IT BACK. I NEED IT URGENTLY. PLEASE CALL ME. THANX.

WITH LOVE
URS
ALLROUNDER
0160.973.8

– Sony Ericsson –

Finderlohn + anonyme Übergabe

- Wenn du zwischen 8–13 Jahre alt bist:
  - ⇒ Also der Papa braucht unbedingt das Telefon für die Arbeit. In dem Handy sind ganz viele Nummern gespeichert, die der Papa sonst nicht mehr wieder bekommt und somit dann auch kein Geld für neues Spielzeug verdienen kann. **Danke!**
    - ⇒ 4 twiste

- Wenn du zwischen 14–22 Jahre alt bist:
  - ⇒ Peace! Ey man, ick brauch unbedingt dies Handy, weil ich hab die krassesten Nummern eingespeichert. Ey man, ick kauf dir och nen Kasten Bier, wenn du mir das Handy wiedergibst... oder Gras... ...oder ne Frau!" Peace ganz viel
    - ⇒ Out ⇒ 4 twiste

- Wenn du zwischen 23–99 Jahre alt bist:
  - ⇒ Das Handy ist eigentlich schrott und noch nichtmal ein Smartphone. Du kannst damit kein Geld verdienen oder es sinnvoll für eigene Zwecke nutzen, weil es eben schon kaputt ist. Ich habe wichtige Telefonnummern auf dem Handy (Nicht auf SIM) gespeichert. Ich brauche diese um mein Essen zu verdienen. Herzlichen Dank!
    - ⇒ 4 twiste

Achtung!

Wer hat hier am 2.8. gegen 14.45 Uhr eine Transportbox mit 2 Meerschweinchen mitgenommen??

Mein Sohn und ich standen auf der Brücke und hatten, weil es so heiß war, die Tiere ein paar Schritte weiter in den Schatten gestellt. Die Meerschweinchen wurden nicht ausgesetzt!! Wir sind sehr, sehr traurig. Ich bitte sie darum, geben sie uns die Tiere zurück !!!

Tel. 0162/ 8022£

DANNY
WO BIST DU?

Wer hat Danny gesehen?

Am 14.5.2012 zum letzten Mal während einer Zirkusshow auf der Lohmühlenbrücke gesehen. Bitte nicht füttern! Merkmale: Linkes Ohr sehr spitz! Finderlohn!

HILFE!!!

BLINDER HUND WEGGELAUFEN!

Dunkel/rassig, relativ zottelig, bärtig, ist zwar nicht mehr der jüngste, aber doch noch sehr ansehnlich. Fühlt sich hier in der Gegend zuhause. Ist seit Samstag früh (8.10.2011) weg.

Hab ihn erst seit kurzem, konnte leider noch nicht viel Vertrautheit aufbauen! Muss ihn unbedingt wiederhaben. Mache mir Sorgen um ihn.

Er stackt voller Widersprüche – find' ich aber nicht schlimm.

Achtung: Auf dem linken Auge kann er z.Zt. nicht gut sehen. Daher ist er auch etwas misstrauisch! Bitte vorsichtig annähern. Man kann ihn mit dunkler Schokolade locken.

Wer hat ihn gesehen?

Bitte melden:
...

SCHWARZE KATZE ENTLAUFEN!

Sie ist ganz schwarz, sehr klein und 18 J... Daher hat sie auch schon zwei weiße Barthaare. ☺

Sie „spricht" sehr viel, singt gerne und jau... Und braucht dringend ihre Tabletten, da s... eine starke Schilddrüsenüberfunktion hat...

Sie ist verschwunden seit Sonntag 19.01.1... und wohnt in der Lübbener Str.10.

Bitte melden unter
Tel: 0177-294...

Weißer
Kater vom
Balkon gefallen
0176-6493
0176-68763

Getigerter Kater Vermisst!!!

Lässt sich leicht in die Hände nehmen! Reagiert auf „Freßi-Freßi" Ruf.

Kater ist 6 Monate alt. Sehr neugierig und verspielt. Letztes Mal wurde bei der Burger King nachts am Samstag gesehen.

Für den Finder wird Abendessen gekocht!

017868   Anton

Hund vermisst

am 28.02. ist um ca 15:30 Uhr unser Hund in die Straßenbahnlinie M13 an der Schönhauser Allee ohne mich eingestiegen.

Wer hat dies beobachtet und kann uns helfen ihn zu finden? Er hört auf den Namen Baader, ist gechippt, Herzkrank und humpelt auf dem rechten Vorderlauf.

Hallo
Nachbar !!

MIR IST MEINE
NEBELKRÄHE

ENTFLOGEN

Handzahm (Pickt aber gern mal)
wenn Sie eine auffällig zutrauliche
Krähe bemerken ...
Bitte rufen Sie mich an – Komme
Sofort   Danke

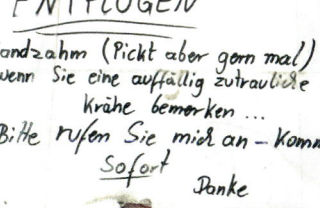

VERLOREN:
2 GOLDENE
FRÖSCHE!
0176/24371

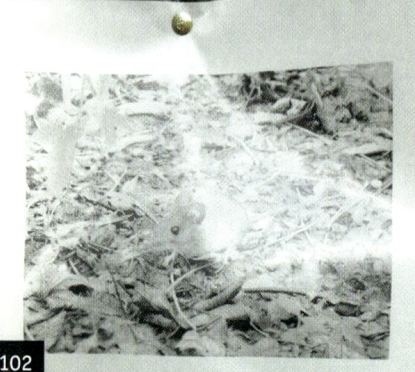

Maus zugelaufen!

Telefon: 838550

KATZE GEFUNDE

- Schwarz mit weißen Streifen
- Sehr aggressiv
  (Ich glaube sie ist verängstigt)
- Nicht stubenrein
- Kein Halsband bzw. Namensschi
- Gefunden in meinem Garten

Wenn das ihre Katze ist, bitte anrufen unter 030 536;

WEM GEHÖRT DER
WELLENSITTICH?

GRÜN-GELBER WELLENSITTICH IST VOM
HIMMEL GEFALLEN!

VOGEL IST BEIM FRISÖR.

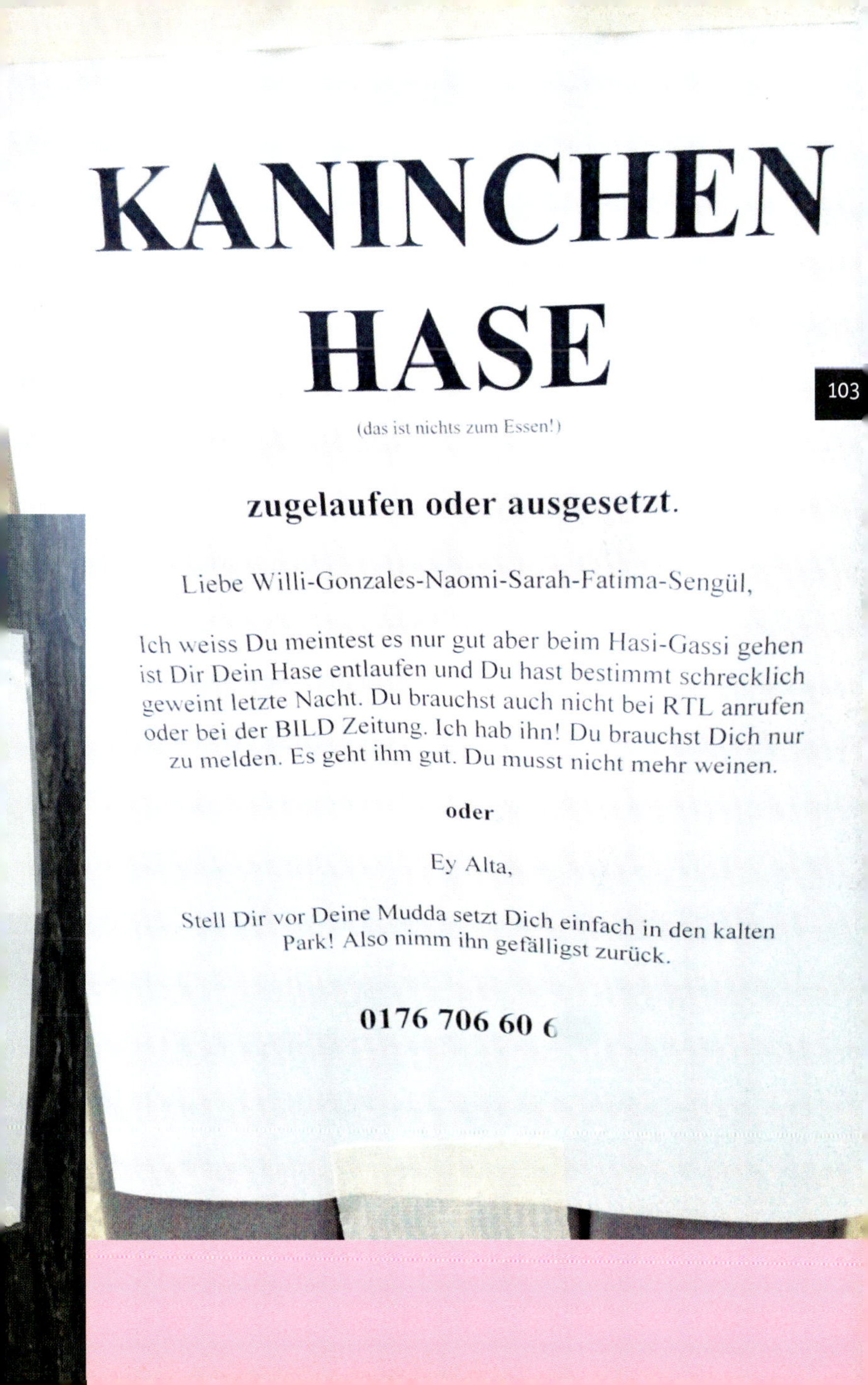

KANINCHEN
HASE

(das ist nichts zum Essen!)

zugelaufen oder ausgesetzt.

Liebe Willi-Gonzales-Naomi-Sarah-Fatima-Sengül,

Ich weiss Du meintest es nur gut aber beim Hasi-Gassi gehen ist Dir Dein Hase entlaufen und Du hast bestimmt schrecklich geweint letzte Nacht. Du brauchst auch nicht bei RTL anrufen oder bei der BILD Zeitung. Ich hab ihn! Du brauchst Dich nur zu melden. Es geht ihm gut. Du musst nicht mehr weinen.

oder

Ey Alta,

Stell Dir vor Deine Mudda setzt Dich einfach in den kalten Park! Also nimm ihn gefälligst zurück.

0176 706 60 6

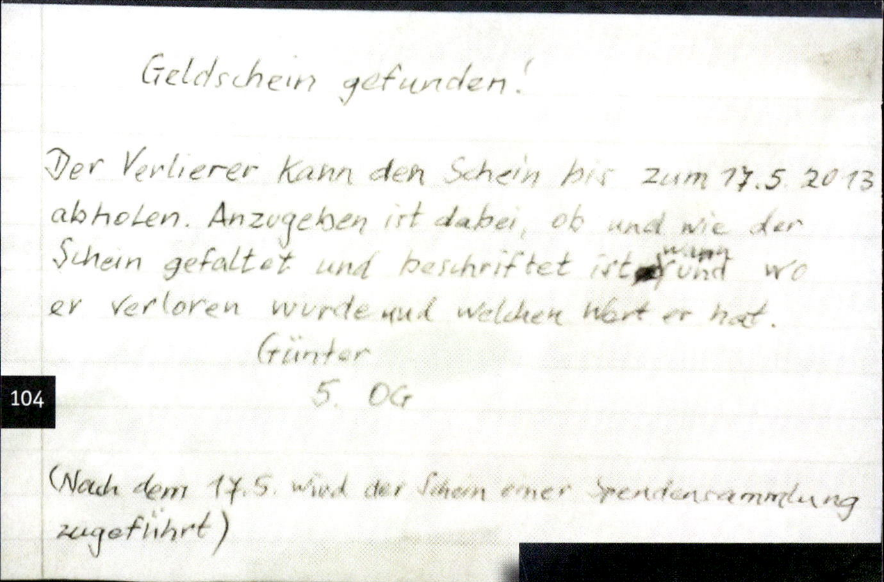

Geldschein gefunden!

Der Verlierer kann den Schein bis zum 17.5.2013 abholen. Anzugeben ist dabei, ob und wie der Schein gefaltet und beschriftet ist und wann wo er verloren wurde und welchen Wert er hat.

Günter

5. OG

(Nach dem 17.5. wird der Schein einer Spendensammlung zugeführt)

FOUND/DINGE

GEFUNDEN

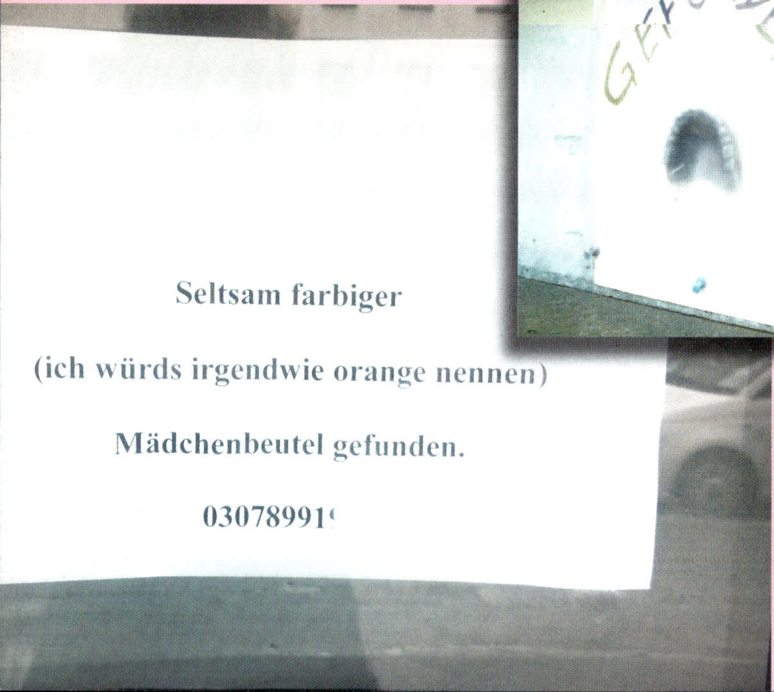

Seltsam farbiger

(ich würds irgendwie orange nennen)

Mädchenbeutel gefunden.

03078991'

Gefunden!

Ich habe etwas schwarzes
gefunden...
wer es vermißt ruft an...

0179 52572

ERDAL!
Hab deinen
USB Stick
gefunden
Tatjana
0176-689500

SCHLUSSELBUND
GEFUNDEN

HANDY
GEFUNDEN

GEDOLD
VERLOREN

FAHRRAD SORRY!!!!
GEFUNDEN!

Ich habe in der Nacht von Samstag zu Sonntag (9./10.6) ein unangeschlossenes Fahrrad hier gefunden. Ich war betrunken und bin damit nach Hause gefahren. Das tut mir sehr Leid und ich würde es gerne zurückgeben: 01577 1411

107

ACHTUNG:
PROFESSIONELLE
FAHRRAD-DIEBE !!!

Mir wurde hier neulich mitten am Samstagnachmittag **sehr professionell** (das Schloss kriegt man nur mit einer Flex auf) **mein Fahrrad geklaut**! Ich werde hier kein Rad mehr abstellen.

Und an den Fahrraddieb,
<u>du kleines Arschloch</u>:

Ich wünsche dir, dass **jede Ampel stets auf rot schaltet** wenn du kommst, es **anfängt zu regnen**, wenn du dich auf einen schönen Tag im Freien freust und man dir **das letzte Brot weg kauft**. Alle möglichen, **widerlichen Geschlechtskrankheiten** sollst du dir einfangen und **Hämorriden am Arsch** kriegen. Und eines sollst du nie vergessen: dass du **ein kleines, erbärmliches Schwein bist**, das davon profitiert, andere Menschen zu bestehlen.

Kurz:
<u>Ich wünsche dir,</u>
<u>dass dich das Karma so richtig fickt.</u>

Und ich bin da ganz zuversichtlich.

AN DEN EHRLOSEN, DER GESTERN NACHT MEIN FAHRRAD GESTOHLEN HAT: DIE STADT IST KLEINER ALS DU DENKST, MEIN FREUND. WENN DU DICH AM SICHERSTEN FÜHLST, WERDE ICH DICH FINDEN, – UND IM KNAST IST MAN NICHT GERADE ZIMPERLICH MIT FAHRRADDIEBEN!

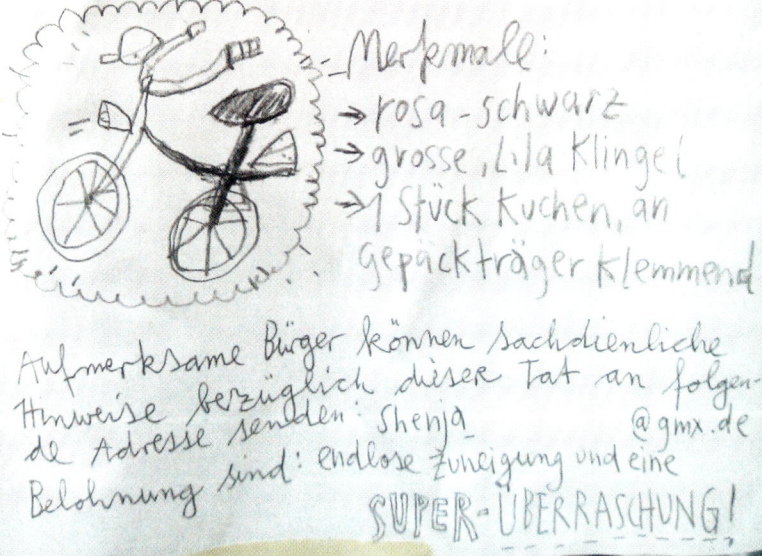

– Merkmale:
→ rosa-schwarz
→ grosse, Lila Klingel
→ 1 Stück Kuchen, an Gepäckträger klemmend

Aufmerksame Bürger können sachdienliche Hinweise bezüglich dieser Tat an folgende Adresse senden: shenja_____@gmx.de Belohnung sind: endlose Zuneigung und eine SUPER-ÜBERRASCHUNG!

LIEBER FAHRRADDIEB,

der am 28.05 mein grünes Hollandrad vor meiner Haustür in der **Colbestraße** gestohlen hat.

Ich hoffe du packst dich mit dem Rad, dass mir von einer lieben Freundin geschenkt wurde, den weiten Weg aus Holland hierher fand, laufend ziemlich hohe Reparaturkosten verursacht und somit wirklich nur einen sehr hohen emotionalen Wert für mich hatte mal so richtig schlimm auf die **FRESSE**!

Mit freundlichen Grüßen,
Wennichdichfindebistdutot

Hallo Fahrraddiebe!
Ich würde euch gerne sehr hassen,
doch ihr tut mir zu leid. Ihr
habt wohl ein Fahrrad nie so
geliebt...
Danke kleine, blaue Miffi für die
tollen 4 Jahre. Du wirst mir
fehlen!

...das Arschloch, dass mein Fahrrad letzte Nacht geklaut hat....

...weiss genau du kommst wieder hier her, um dir ein neues Opfer für dein ...ssiges Vorhaben zu suchen, also zieh Dir das rein du Penner!!!!

Du hast mein rotes Damenrad von Fahrradlinke in der Nacht vom 5. zum 6.10 hier geklaut.
Du bist so Abschaum!
...ch muss meine Zwillinge damit in die Kita fahren und zur Arbeit (nebenbei: such dir welche).
...ch hoffe du fliegst mit MEINEM Fahrrad so richtig aufs Maul.
...ch hasse dich, für das was du bist, Arschloch.

An den Penner der das rote Fahrrad meiner kleinen Schwester geklaut hat: Ich schwöre, wenn ich dich erwische brech ich dir die Arme!!!
Ich gebe dir eine Woche Zeit es wieder genau hier ab zu stellen...
ICH FINDE DICH!!!

111

...n die FAHRRAD-DIEBE vom 9. April, ...e hier (tagsüber!) mein altes, wertloses Damenrad geklaut haben!

Viel Spaß damit!
Das KARMA wird euch FICKEN bis euch die Rosette blutet.

Ich wünsche euch einen grausamen Fahrrad-Unfall, der eure hässlichen Gesichter noch mehr entstellt.

PS: Wenn ihr Geld braucht → geht Arbeiten, ihr Kackbraten!!!

Hallo Dieb!
Echt scheiße, dass du gestern meine Fahrradlichter geklaut hast!
Wenn ich jetzt von einem Auto überfahren werde, bist DU schuld!

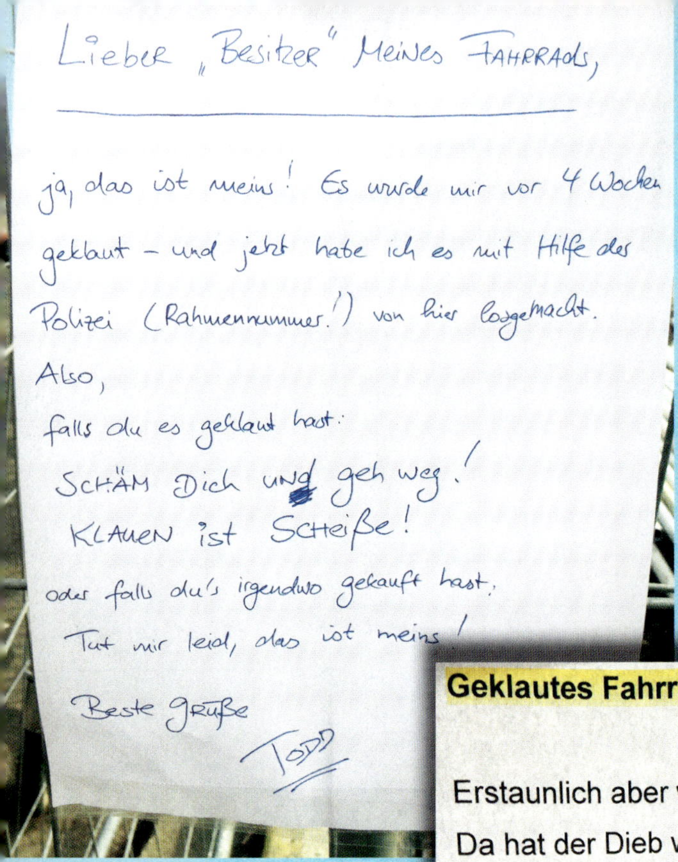

Lieber „Besitzer" meines Fahrrads,

ja, das ist meins! Es wurde mir vor 4 Wochen geklaut – und jetzt habe ich es mit Hilfe der Polizei (Rahmennummer!) von hier losgemacht.

Also,

falls du es geklaut hast:

SCHÄM Dich und geh weg!

KLAUEN ist Scheiße!

oder falls du's irgendwo gekauft hast,

Tut mir leid, das ist meins!

Beste grüße

TODD

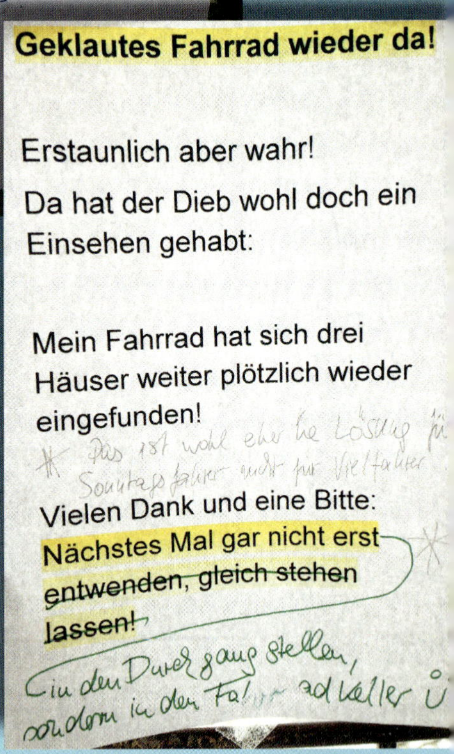

Geklautes Fahrrad wieder da!

Erstaunlich aber wahr!

Da hat der Dieb wohl doch ein Einsehen gehabt:

Mein Fahrrad hat sich drei Häuser weiter plötzlich wieder eingefunden!

Das ist wohl eher die Lösung für Sonntagsfahrer nicht für Vielfahrer

Vielen Dank und eine Bitte:

Nächstes Mal gar nicht erst entwenden, gleich stehen lassen!

Ein den Durchgang stellen, sondern in den Fahrradkeller ü

Straßenmalerei
Freiheit, Freibier und Frieden.

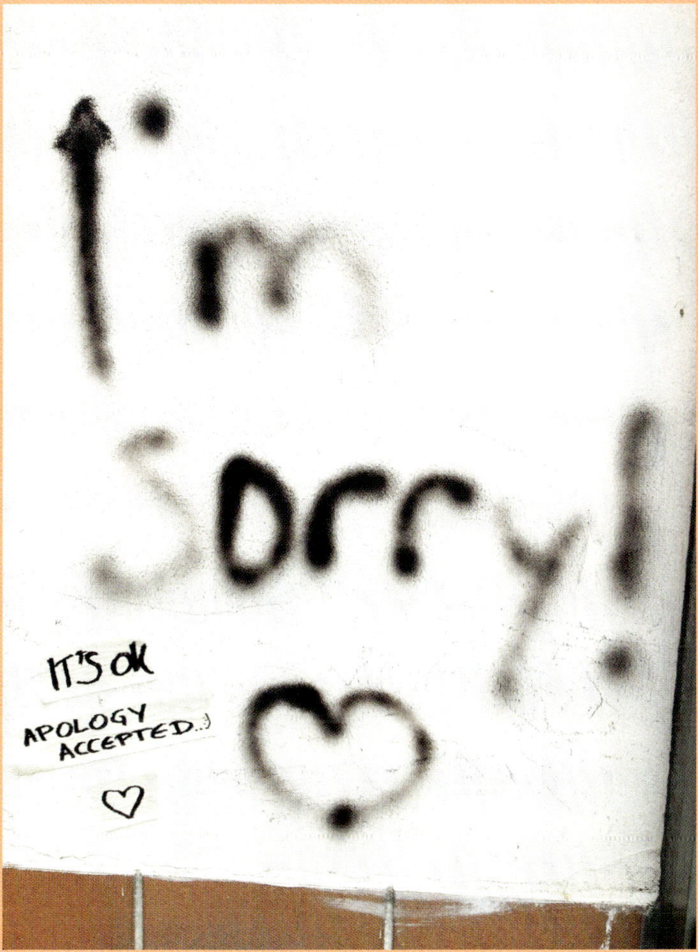

PRIVATZOO
FÜR REICHE

ASSE · ART IN A FRAME
is LIKE AN EAGLE
iN A BIRDCAGE

DIE DEUTSCHEN
BEHÖRDEN BRINGEN
MENSCHEN
LANGSAM UM.

⬆ TRue
STORY

WHEN I DIE, THE CATS GET EVERYTHING!

BERLIN – alles ist möglich

DEUTSCH MICH NICHT VOLL...

und Frieder

GUTE-MENSCHEN   BÖSE MENSCHEN

NEVER FORGET

...das Leben ist wie Zeichnen ohne Radiergummi...

WER IST DIESER DEUTSCHLAND?
Deine Mitte!!

wollen wir nicht lieber Glücksbärchis sein?
R̶-̶A̶-̶F̶

HIER
FEHLT
NOCH
EIN
KINDER- BIO-
FRESS- VOTZEN-
LADEN!

Feierei
PS: Hoffe, die Musik hat gefallen!

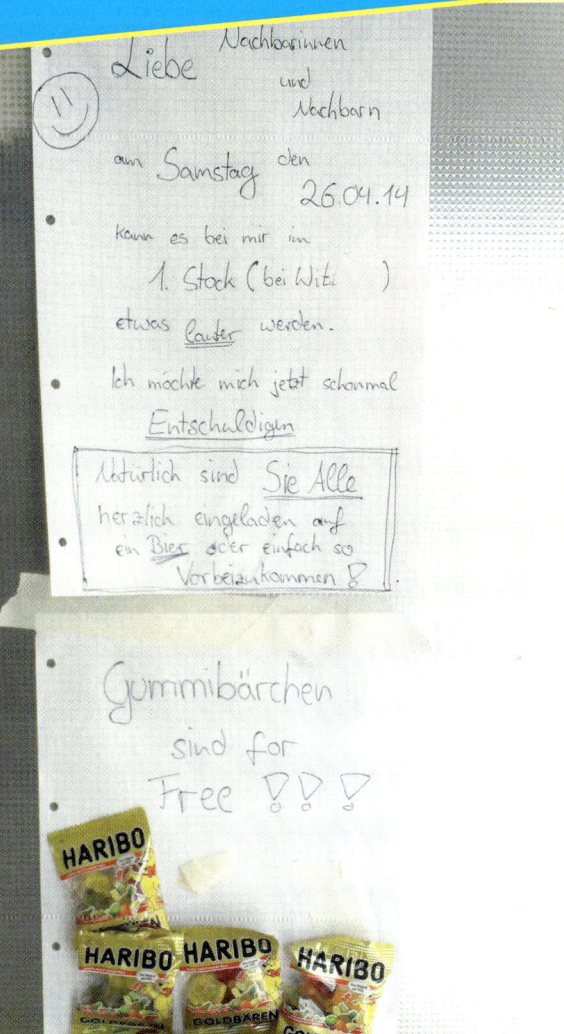

ist doch nett, dass Sie Bescheid geben! So kann man sich drauf einstellen!

Liebe Nachbarinnen und liebe Nachbarn! *Warum mit Polizei drohen, ist doch Kinderkacke!*

Am Freitag, den 17 Oktober 2014, feiern wir mit Familie und
Freunden eine Einweihungs- und Geburtstagsparty bei uns. *Viel Spaß!*

Mit 21 Uhr wird es somit etwas lauter bei uns im Hinterhaus, doch
spätestens 3 Uhr morgens kehrt wieder absolute Stille unsererseits
ein, da wir dann noch weiterziehen werden. *Begrüßen wir so unsere neuen Nachbarn! Das ist zum Schämen!! Viel spaß!*

Wir hoffen auf euer Verständnis für einen einmaligen erhöhten
Lärmpegel aus unserer Wohnung und bedanken uns herzlichst im
Voraus. *Nur arrogante Feiglinge nennen ihren Namen NICHT!*

I bos wou — A

Liebe Grüße von Familie   aus dem Hinterhaus
Ahlbecker Straße

Na dann, macht Euch auf Polizeibesuch breit — Freiheit — X

120

DANKE

FROHNAU

dass ich meinen Geburtstag am Samstag so ausgelassen feiern durfte!

PS: Hoffe die Musik hat gefallen!

... Bewohner ...

HIER bei uns wir

HEUTE

LAUTER

Danke für Ihr Verständnis!

*Ich hör nüscht!
Ich will mein
Verständnis zurück*

Hallo Nachbarn,
aufgrund meines Geburtstages
feier ich Morgen, Samstag 15.08 bis 23⁰⁰ Uhr
Demnach könnte es lauter als dann
Gleich werden. Zimmer/Lautstärke
Ich bitte dieses schon im und ohne
Vorfeld zu entschuldigen. Fenster/Kotzerei.
        Mit freundlichen Grüßen
            S. Doll

Sorry wegen
der Lautstärke
gestern.
Danke für die
Geduld !!
War leider geil.

Liebe Nachbarn,

wir feiern uns heute dem Weltuntergang
(und meinem Geburtstag) entgegen. Wenn es
dadurch etwas lauter wird, bitte ich um
Verzeihung.

Ihr dürft mich dann im nächsten Leben gerne
auch mal mit Lärm belästigen. Und wer nicht
alleine sterben will, kann auch gerne auf ein
Bier vorbei kommen.

(SF, 2.OG)

astrein!

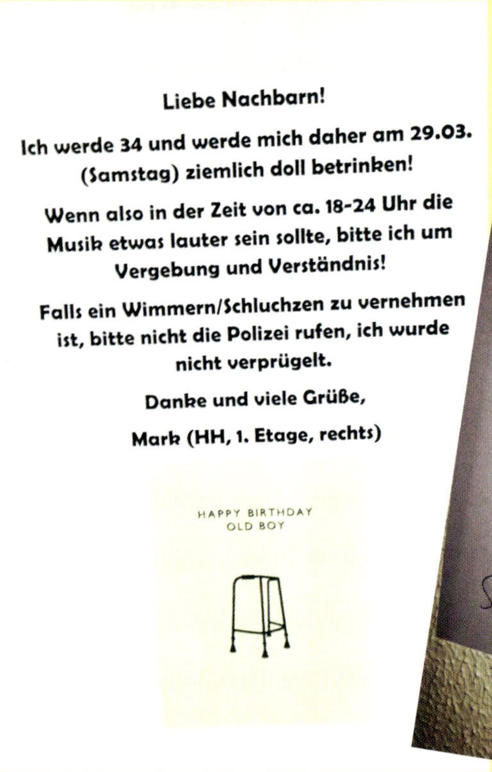

Liebe Nachbarn!

Ich werde 34 und werde mich daher am 29.03. (Samstag) ziemlich doll betrinken!

Wenn also in der Zeit von ca. 18-24 Uhr die Musik etwas lauter sein sollte, bitte ich um Vergebung und Verständnis!

Falls ein Wimmern/Schluchzen zu vernehmen ist, bitte nicht die Polizei rufen, ich wurde nicht verprügelt.

Danke und viele Grüße,

Mark (HH, 1. Etage, rechts)

HAPPY BIRTHDAY
OLD BOY

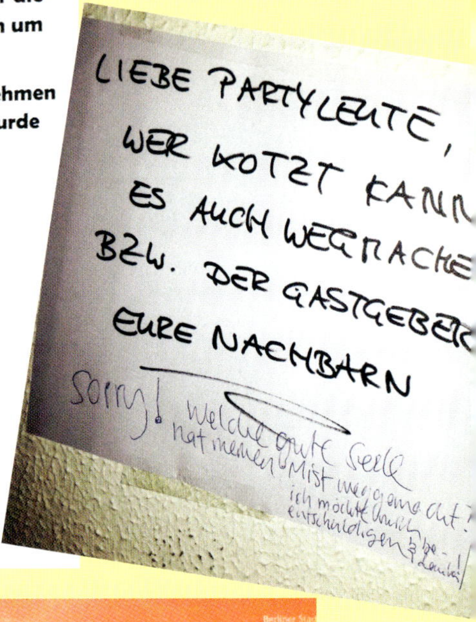

LIEBE PARTYLEUTE,

WER KOTZT KANN ES AUCH WEGMACHE BZW. DER GASTGEBER

EURE NACHBARN

sorry! Welche gute Seele hat meinen Mist weggemacht? Ich möchte mich bei dir ent- schuldigen! danke!

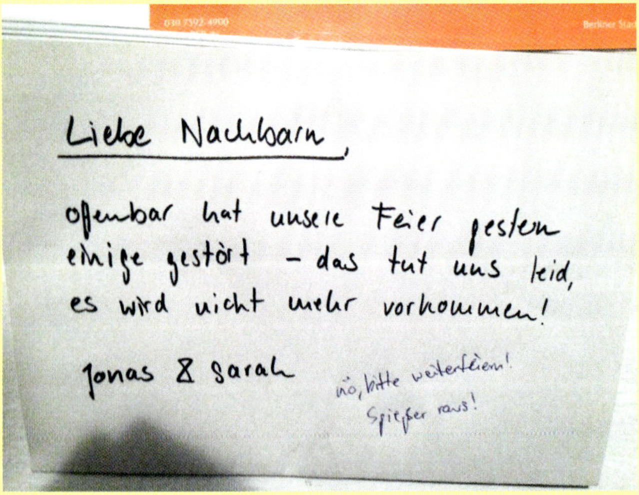

Liebe Nachbarn,

offenbar hat unsere Feier gestern einige gestört - das tut uns leid, es wird nicht mehr vorkommen!

Jonas & Sarah

nö, bitte weiterfeiern!
Spießer raus!

Hey

Deine Party war ja anscheinend ein super geiler Event. Ich frage mich allerdings, warum Du um das Verständnis deiner Nachbarn bittest, wenn es Dir im Grunde **scheißegal** ist. Oder warum musste das „Gegröle" und die „Affenmusik" fast 12 Stunden bis 6.00 Uhr morgens andauern? Ich frage mich ernsthaft, warum du eine Telefonnummer anbringst und doch nicht reagierst. Keiner von Deinen „lieben Nachbarn" hat was gegen Partys und gegen Musik und jeder von uns hat in jungen Jahren mal „die Mucke" lauter aufgedreht, aber niemals hatte man seine Mitbewohner so derart belästigt wie DU. Vor allem habe ich noch nie eine Party miterleben dürfen, wo ich schon in einer anderen Straße das Gedröhnen hören konnte. Der Anstand alleine gebietet es schon, Rücksicht auf seine Nachbarn zu nehmen. Gestern aber war nichts von alledem zu merken. Denk auch mal an die Menschen, die an Feiertagen arbeiten müssen und Deinen Wohlstand sichern, in dem du solche Partys feiern darfst. Denk mal drüber nach ... Es wäre besser Du würdest für solche Events einen Partykeller oder gar eine Fabrikhalle mieten. Dort kannst Du und deine Kumpels abfeiern bist der Arzt kommt und eure Nachbarn könnten sich mal wieder während Ihrer freien Tage erholen.

Ein lieber Nachbar

PS: Die Nummer vom Hausmeister ist 0171/32208█, damit er sich Deine Haustür mal ansehen kann, dann hat auch das Geknalle ein Ende. Angeblich ist sie ja kaputt und ihr zahlt ja nicht umsonst Miete oder?

30.04.2014 Walpurgisnacht

Nächtliches Peitschenknallen, ausgelegte Besen und im „Wendland"
rutschen junge Frauen mit entblößten Genitalen über große Steine
(Quelle: Wickipedia)... der ganz normale Wahnsinn in der Walpurgisnacht.

Ganz so exzessiv wollen wir die Walpurgisnacht nicht feiern. Peitschen
besitzen wir nicht, den Besen brauchen wir noch und große Steine sind
grad Mangelware.

Dennoch werden wir ein kleines Feuer entzünden und die Nacht
genießen.

Für einen Grundstock an Getränken und vielversprechenden
Konversationen ist gesorgt. Brennholz ist auch vorrätig.

Wer aber andere Personen der Hexerei verdächtigt, kann diese gerne bei
uns abgeben. Bitte nur handliche Hexen liefern, da unser Feuer kein
ausgewachsener Scheiterhaufen sein wird.

Über Besuch freuen wir uns. Ein „Dresscode" für den Abend ist nicht
vorgesehen. Lediglich Personen in Uniform mit Helm und Knüppel sind
eher nicht willkommen. Sollte jemand trotzdem das Bedürfnis verspüren,
dreistellige Telefonnummer im niedrigen Zahlenbereich zu wählen....
nehmen sie sich bitte ein Herz und melden sich vorher bei uns unter:
                        Wir finden sicher eine Lösung.

Viel grüße, Ahoi und Feuer frei.

Adbusting

Außenwerbung nervt jeden.

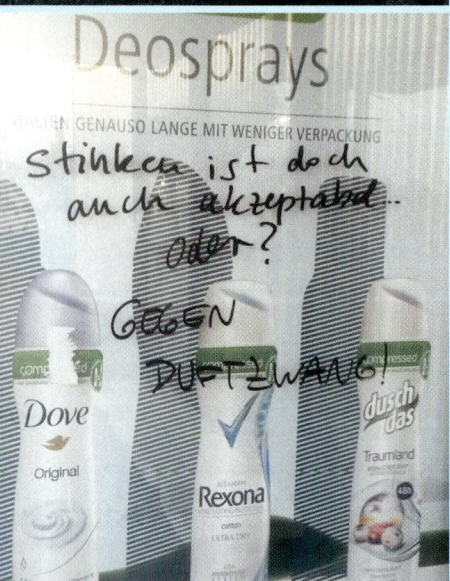

ICH BIN EIN MANN
UND DIESE WERBUNG
IST ZUM WEINEN

RIGHT GUARD

Wie könne
wir Berli
verändern

Lass mal, Kevke...
det macht Berlin schor
allene!

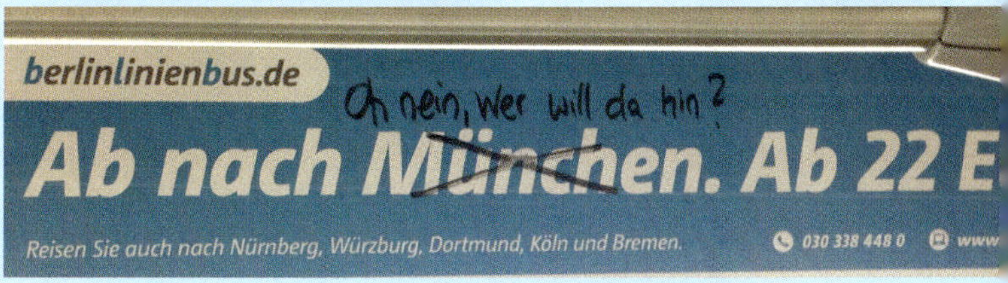

berlinlinienbus.de
Oh nein, wer will da hin?
Ab nach ~~München~~. Ab 22 E

Reisen Sie auch nach Nürnberg, Würzburg, Dortmund, Köln und Bremen.
030 338 448 0   www

ER.

nommen

U.

HATE
SEXISMUS
HAVE SEX!
blush

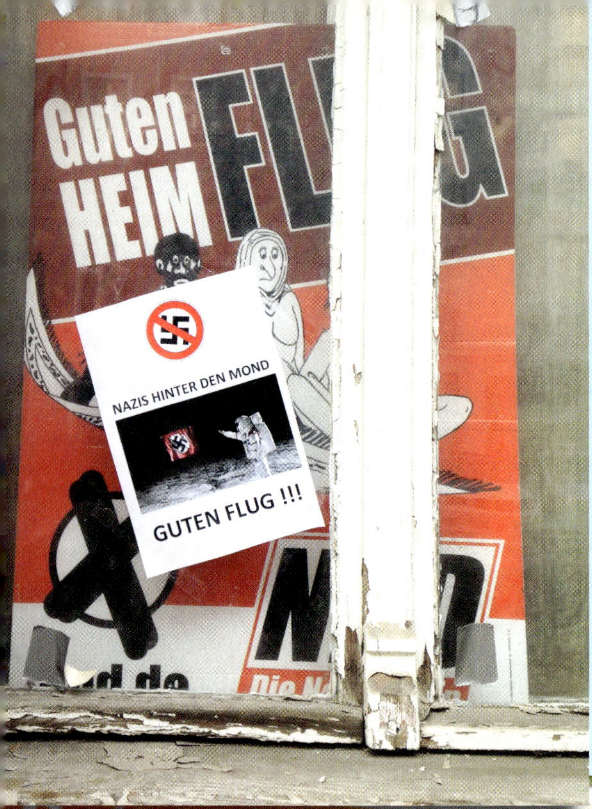
Guten
HEIM
NAZIS HINTER DEN MOND
GUTEN FLUG !!!

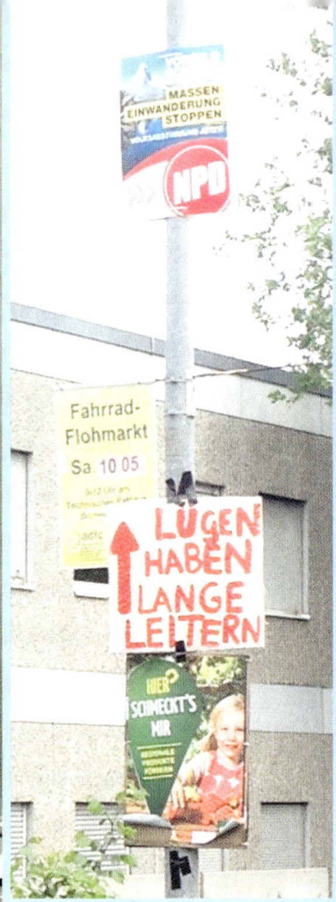
MASSEN EINWANDERUNG STOPPEN
NPD
Fahrrad-Flohmarkt
Sa. 10.05
LÜGEN HABEN LANGE LEITERN
HIER SCHMECKT'S MIR

Solide Finanzen sind wichtig.
Weil wir an morgen denken.
CDU
Gemeinsam erfolgreich.
YOUR FUTURE IS FUCKED UP
I KNOW

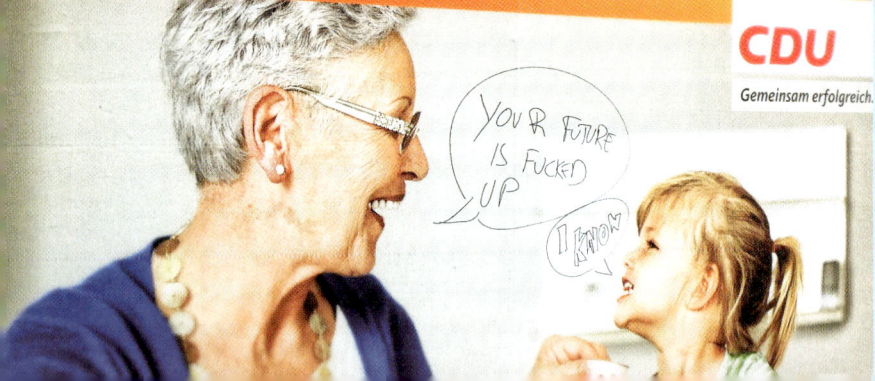

Schilder-Guerilla
Dönerstraße

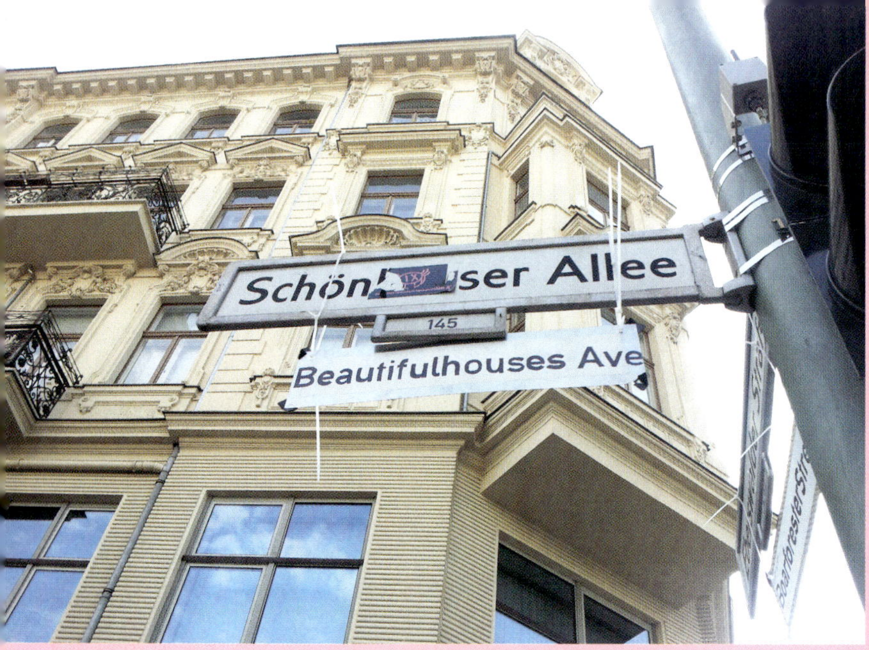
Schön
ser Allee
145
Beautifulhouses Ave

Ohne die Linden

Pimp
Sticker

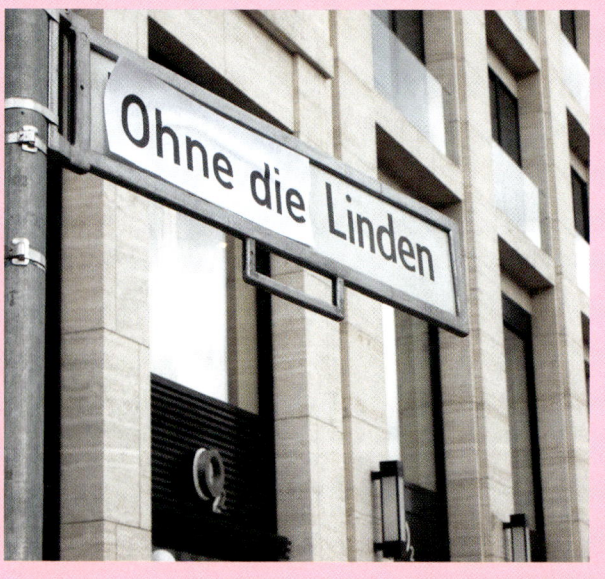

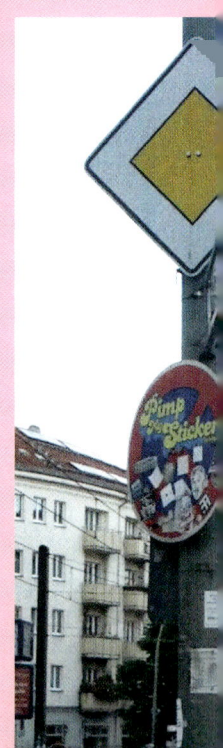

U-Bhf He-man-platz

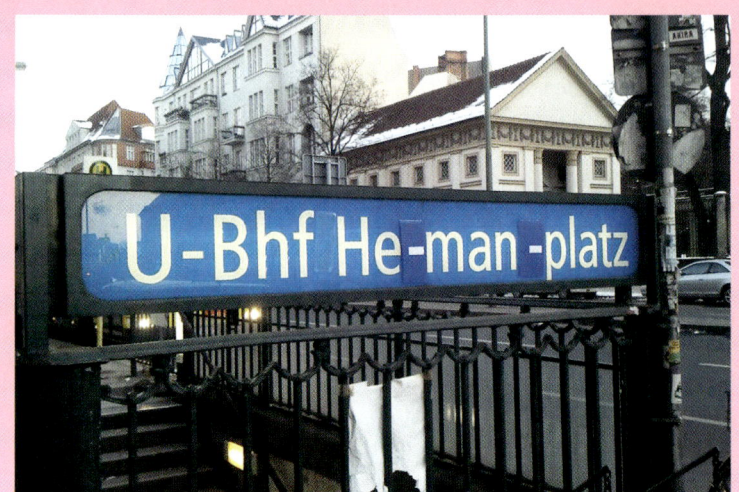

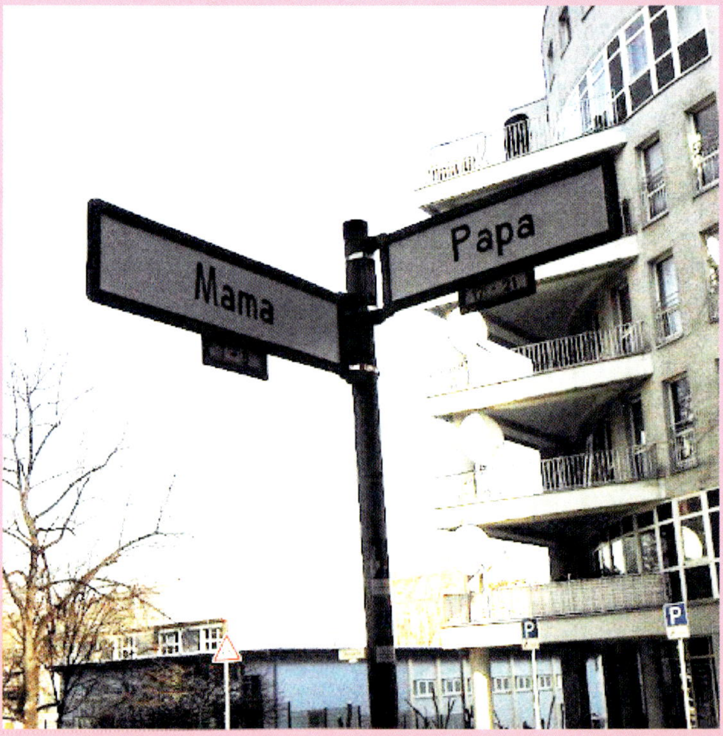
Mama
Papa

DIESER LADEN IST GEGEN ERDOGAN

CUES

134

1 bb

Wegen Revolutio
KEIN Fußball
eure Uschi !

DIE KIDS VON HEUTE KENNEN KEIN VATERUNSER DAFÜR ABER DEINEMUDDER

Attention !
UNATTENDED CHILDREN WILL BE GIVEN ESPRESSO AND A DRUMSET.

Coca-Cola

Für die
Gäste
reißen wir uns
Arme & Beine
aus

Coke **macht mehr draus.**

Schüler
mit den
Noten 1
oder 2
bekommen
eine
Backware
<u>gratis</u>

Geschlossen

Wegen Regen, Kälte
Sturm u. Nebel
und der damit
verbundenen akuten
Unlust zum
Arbeiten!

Bei
Schönem
Wetter
ab 19⁰⁰
geöffnet?

AUSTRIA

- Das Original -

Kein W-LAN!
Ihr müßt Euch
schon selbst
unterhalten.

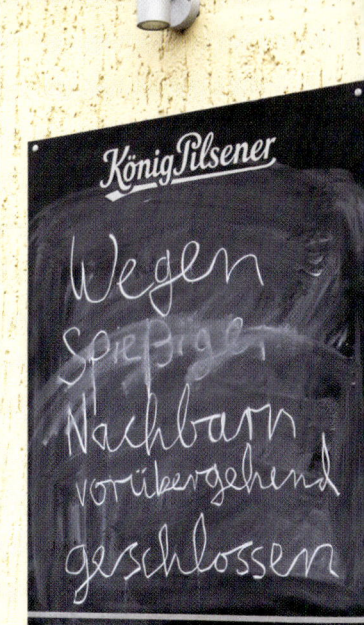

König Pilsener

Wegen
Spießiger
Nachbarn
vorübergehend
geschlossen

WHO NEEDS
SEX WHEN
YOU CAN HAVE
OUR COFFEE
RIGHT HERE?
HE WON'T DISAPPOINT
YOU - HE IS STRONG
& HE LASTS
LONG!

the digital eatery

COCKTAIL
mit ALKohol
3
ohne alkohol
2,90

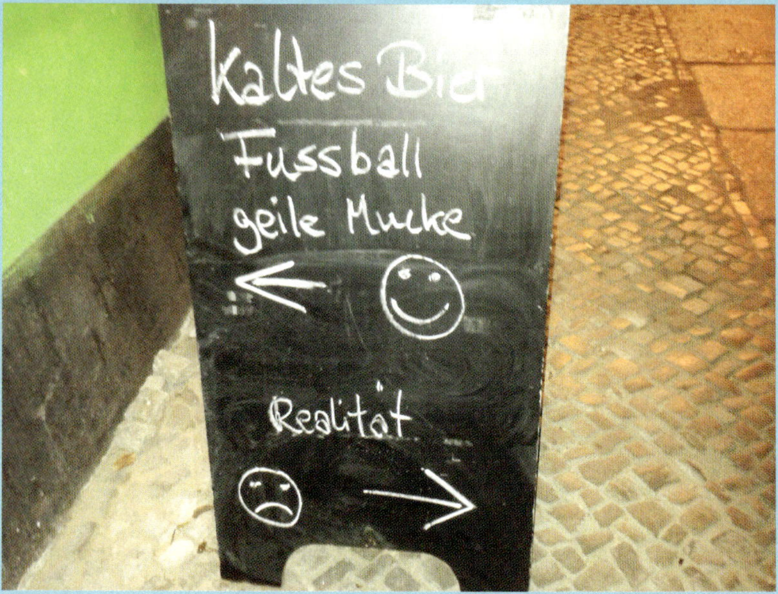

Kaltes Bier
Fussball
geile Mucke
← ☺

Realität
☹ →

Liebe Frühling,
20° am ersten
Tag ist wie
Sex beim ersten
Date. Das
hält meist
nicht lange!

BATMAN
DRINKS HIS
1€
ESPRESSO
HERE
←

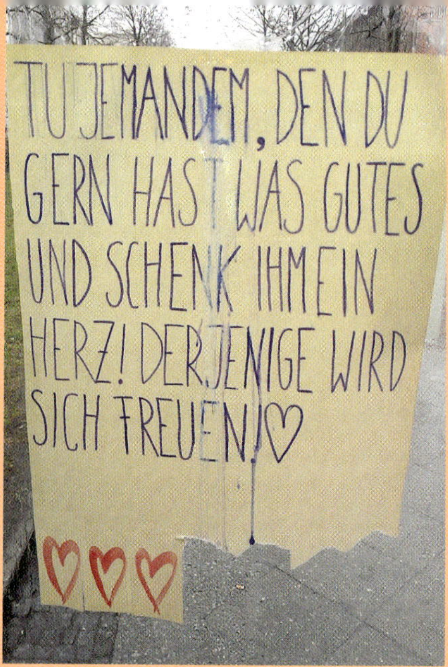

TU JEMANDEM, DEN DU GERN HAST WAS GUTES UND SCHENK IHM EIN HERZ! DERJENIGE WIRD SICH FREUEN!♡

WE ARE ALL DIFFERENT!

I'M NOT. I'M NOT. I'M NOT. I'M NOT. I'M NOT. I'M NOT. I'M NOT.

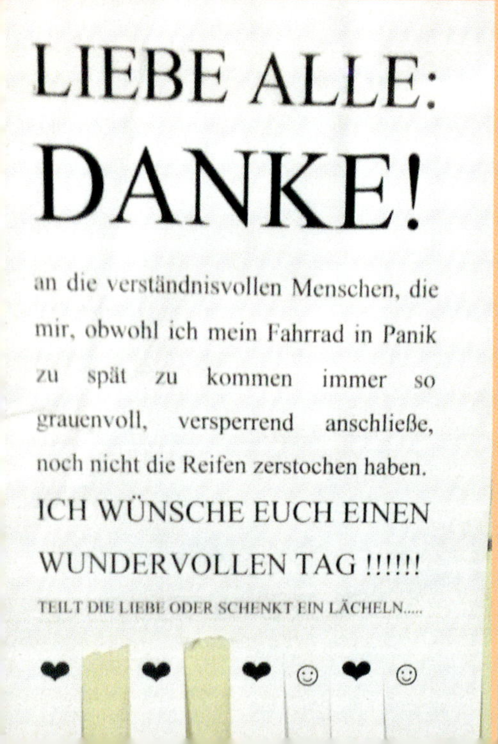

LIEBE ALLE:
DANKE!

an die verständnisvollen Menschen, die mir, obwohl ich mein Fahrrad in Panik zu spät zu kommen immer so grauenvoll, versperrend anschließe, noch nicht die Reifen zerstochen haben.

ICH WÜNSCHE EUCH EINEN
WUNDERVOLLEN TAG !!!!!!

TEILT DIE LIEBE ODER SCHENKT EIN LÄCHELN.....

Wat w heut erster mach

Sich 10 Minuten Zeit für die Frühlingssonne nehmen

Einem Obdachlosen einen Apfel schenken

Recherchieren welche Bedeutung mein Vorname hat

Oldschool-Kopfrechnen beim Einkauf

IT'S... DANGEROUS TO GO ALONE!

TAKE...
ONE OF THESE!

PANEURHYTHMY – Dan

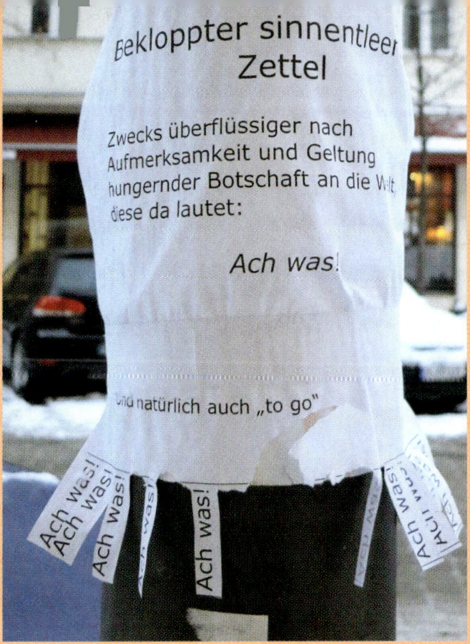

Bekloppter sinnentleer Zettel

Zwecks überflüssiger nach Aufmerksamkeit und Geltung hungernder Botschaft an die Welt diese da lautet:

Ach was!

und natürlich auch „to go"

Ach was!
Ach was!
Ach was!
Ach was!

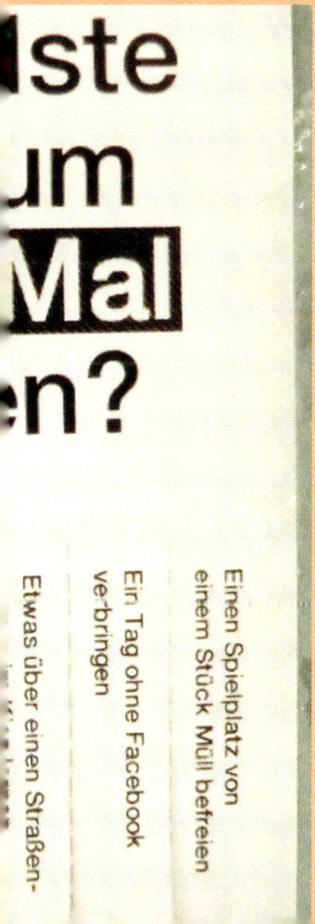

---

ste
um
Mal
en?

Einen Spielplatz von einem Stück Müll befreien

Ein Tag ohne Facebook verbringen

Etwas über einen Straßen-

THIS IS A NUDELHOLZ

TAKE IT AND HAU IT ON A KOPP OF A BEKLOPPT PERSON.
THAT GIVES YOU A BETTER GEFÜHL THAN VORHER!

PLAYMOBEAT
DREI DRUMMER MACHTEN SCHWEIZER MUSIK

FREE LIVES
PLEASE TAKE
ONE

1UP 1UP 1UP 1UP 1UP 1UP 1UP 1UP 1UP

Never gonna:

give you up

run around

desert you

make you cry

tell a lie

hurt you

Der Tag ist zu langweilig.

Reiß einen Zettel ab und es wird besser!

Ruf bei
01525246...
an und frage
nach einem
Date.

Den Mund
zukleben und
den Rest des
Tages nicht
reden!

Scheiß der Hund drauf
Wer kackt, wird erschossen!

DON'T PISS & SCHISS

Könnte die zuständige asoziale Drecksau bitte die Hinterlassenschaften seines Köters wegschaffen?! Danke!

Hier ist kein Scheißegarten. Bitte nicht hier kacken

DER BESITZER, DESSEN HUND MIR ALS NÄCHSTES
VOR DIE BUDE KACKT, BEKOMMT VON MIR EIN MIT
ROSTIGEN NÄGEL GEFÜLLTES MARMELADENGLAS IN
DEN **ARSCH** GESCHOBEN! UND EINEN ARSCHTRITT
HINTERHER!!!!

MFG
DER, DER ANDEREN DEN ARSCH AUFREISST

WENN ICH EUCH
ERWISCHE, SCHMIERE
ICH EUCH DIE
SCHEISSE INS
GESICHT?
... SO HER

Kein Leben?

75.—

SONDERANGEBOT

…iger Haufen Scheisse **zu verschenken**!

…infach zugreifen.

…a **Ernst:** Wenn ich herausfinde, welches **Dreckschwein** seinen …efanten vor meine Tür **kacken** lässt, ohne die Hinterlassenschaft …ines geliebten Vierbeiners vernünftig zu entsorgen, laufe ich ihm …s zu seinem Haus nach und werde ihm auch vor die Tür …cheissen.

…S. Ich werde vorher den ganzen Tag Mais essen!

An den Hundebesitzer !!!

So Du Alte DRECKSAU Mach den
Fahrstuhl sauber oder lass Dein Köter
draußen oder in deiner Wohnung Scheißen
Aber nicht im Fahrstuhl...
ACHTUNG !!!

Ab sofort werden kifft Köder Ausgelegt...
Und wenn ich dich und Dein Köter dabei
erwische
Werde ich dich und Dein Köter umlegen
Das ist ein Versprechen....

Attacke gegen Hundekacke

WER KACKT WIRD ERSCHOSSEN!

Wenn Sie Ihren Drecksköter

noch einmal bei **uns** vor die Haustür scheißen lassen,

sorgen wir dafür, dass **Sie** den Haufen

in Ihrem Briefkasten **und** an Ihrer Wohnungstür wiederfinden.

Wir wissen nämlich wer **Sie** sind und **wo** Sie wohnen!

Wer ficken will,
geht einfach mal hoch in den zweiten Stock links.

Da freut man sich immer über frischen Herrenbesuch.

Gratis.

Besonders ab 3 Uhr in der Nacht.

Fotze

Da juckelt die Alte immer richtig lautstark rum
und bietet allen Nachbarn

Kopfkino
zum mitmachen.

Am Anfang fand ich es auch geil.
Bis ich die mal auf der Straße gesehen habe.

Hahaha

Aber vielleicht stopft ihr ja mal einer nicht nur die Löcher unten,
damit wir hier einfach mal wieder durchschlafen können.

Günther aus'n EG

An das
UNERTRÄGLICHE
SEX-PAAR

NIEMAND will euer
ERBÄRMLICHES
GESTÖHNE hören
Also macht euer beschissenes
Fenster zu.
Ihr wohnt hier nicht allein!
Hier wohnen auch Kinder.

Lieber Herr und Frau Nachbar,

wenn ihr den Nachts Vögeln müsst (so
wie letzte Nacht um ca. 4 Uhr) womit
wir kein Problem haben,
dann macht dies doch bitte nicht in
unmittelbarer nähe von euren
Heizkörper bzw. stellt euer Bett, eure
Matratze oder auf was auch immer ihr
euer Bedürfnis verrichtet nicht in
seiner nähe!
Ich habe keine Lust von euren Krach
immer wach zu werden!

Und auch du Frau oder Herr Nachbar,
die Nachts mit Stöckelschuhe
zwischen 03:30 und 05:00 Uhr durch
die Wohnung läuft, bitte zieh dir erst
die Schuhe an bevor du die Wohnung
verlässt.

**WIR WERDEN DAVON STÄNDIG WACH
UND DIES NERVT!!!**

MfG.
Eure Nachbarn

Hallo Nachbarschaft

Wer auch immer das ist, m
Sex das Fenster zu.

Vielen Dank und viel S
weiterhin

Buhmst s

**Liebe Mitbewohner mit dem
„kaputten" Bett**

Mir macht es fast nichts aus, dass i
Sex habt und ich nicht. Was mich a
wirklich stört: wenn ich dafür gewe
werde!!!
So passiert letzte Nacht **3:45 Uhr**

Euch sollte schon klar sein, dass di
Stahlbetonwände hämmernde
Geräusche sehr weit übertragen. Bit
versucht **Rücksicht** auf den Schla
eurer Mitbewohner zu nehmen.

Notfalls fragt den Hausmeister, ob
dieser euer Bett fixieren kann. Ich bi
sicher der hilft euch gern.

Danke

Dear Neighbor,

were you having sex or was
he killing you??

Please keep being that loud,
so I don't need to set my alarm
at 6am anymore! (JOKE) ↳ Please don't.

All best,

your neighbor. Please Don't

P.S: guy, if I were you I'd ask her about fake
orgasm

Dear Neighbors,

the Hausverwaltung approached me about the nightly sex sounds in our building. One or some of you must have pointed at me.

I would have appreciated if you directed your concerns to me directly. Not only because I am not the source of these sounds.

To the couple who is producing the sounds, I can send your neighbors' concerns who obviously feel very disturbed.

To all neighbors I can send my wish that we can clear our matters in the future in a better way than asking the Hausverwaltung to investigate each other's beds.

Very best,
Thania

An die Bewohner des 2. Stockes genau über den Laden

Wenn Sie mit dem ,was Sie am Fenster abends bei vollen

Licht und ohne Scham treiben, nicht aufhören bzw. wenigstens

Gardinen aufhängen oder das Licht ausmachen, dann sind wir

gezwungen, Sie wegen "Erregung öffentlichen

Ärgernisses" anzuzeigen.

Und da gegenüber auch noch Kinder wohnen, gilt dann dieses Gesetz:

§ 183a
Erregung öffentlichen Ärgernisses

Wer öffentlich sexuelle Handlungen vornimmt und dadurch absichtlich oder wissentlich ein Ärgernis erregt, wird mit Freiheitsstrafe bis zu einem Jahr oder mit Geldstrafe bestraft, wenn die Tat nicht in § 183 mit Strafe bedroht ist.

AN DAS PAAR,

das in der **Nacht vom 23.06. auf den 24.06.**
zwischen 4.30 und 5.30 Uhr mit lautem Stöhn
die komplette Gottschalkstraße geweckt hat.

Wenn Sie Ihren Nachbarn das nächste mal
mitteilen wollen, dass sie gerade Sex haben und
dabei derart laut verschiedene Geräusche aus
dem Tierreich imitieren müssen, dann nutzen sie
in Zukunft doch bitte eine stille Form der
Information.

Posten sie es von mir aus auf Facebook, bauen
sie eine Figur aus Knete, führen es als
Pantomime auf, oder was auch immer...

Hauptsache in normaler Lautstärke!

Danke!

PS: **OHROPAX** für Alle sind auch eine Lösung

Gez.: Ihre aufgeweckten Nachbarn

♀ + ♂ + ♀ (?)

Fickt leiser !

Euer penetrantes Gekreische
mitten in der Nacht nervt.

An die beiden Fickakrobaten im Haus.

Es wäre traumhaft, wenn ihr bei euren nächtlichen Jodelübungen
die Fenster schließen und nicht die ganze Nachbarschaft
tyrannisieren würdet.

Es kotzt uns nämlich an, dass wir ständig von eurem Gejaule aus
dem Schlaf gerissen werden und alle Anwohner ihre Fenster
schließen müssen, nur weil ihr Freiluftturner den Innenhof
beschallt.

Noch ist Bumsen keine olympische Disziplin und zieht somit keine
Beifallsstürme bei euren nächtlichen Vorstellungen nach sich.

Mobil durch die Stadt

Hier wurde ein Verbotsschild überklebt.

BVG Premiumbereich

Mit der Einrichtung dieses Premium-Abteils möchten wir dem Bedarf nach mehr Komfort und Ruhe in unserem Personennahverkehrsangebot nachkommen.

Die BVG befindet sich in einer Testphase und wir möchten das Angebot in Zukunft ausweiten. Ebenso soll in Zukunft Sicherheitspersonal auf die Einhaltung dieses Bereichs für Premiumkunden achten.

Das Bücher- und Zeitungsangebot soll als lärmlose Alternative zu Handy und lauten Kopfhörern verstanden werden. Bitte versuchen Sie unser vielefältiges Premium-Literaturangebot in Anspruch zu nehmen. Ganz nach dem Motto: Tolstoi statt Techno.

Die notwendigen Premium-Tickets erhalten sie an allen BVG Verkaufsstellen.

Wir wünschen Ihnen ein entspanntes Premiumfahren mit der BVG!

Ihre BVG
(Bereich Produktinnovation)

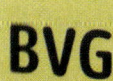

BVG

Video

Für Abfall gibt's 'ne Abfuhr!
Der Sitz ist keine Mülldeponie. Danke.

Es lebe Berlin. BVG

152

IHR MIT EUERN SCHEISS PARFÜMS

homophobia

Macht es bei Ihnen Klick?

Mit einem BVG-Abo müssten Sie hier NICHTS MEHR REINSTECKEN.

Mach ich eh' nicht

www.BVG.de/Abo

BVG

Zu Ihrer Sicherheit

**Berliner
Verkehrsbetriebe (BVG)
Telefon 030 19449**

Video

Ich möchte nicht überwacht werden. Das macht mich unsicher. Al.

Werte Fahrgäste

und niemals
vergessen:
Eisern Union!

»Irgendwann werde ich sie dort treffen.«

Silvio D. (38) sitzt mit seinem Sohn Nikita (6) in der Ringbahn, die beiden sind auf dem Weg ins ATZE-Musiktheater im Wedding. Es ist Winter, kalt, nass und windig. Nikitas Nase tropft, aber ein Taschentuch ist nicht zur Hand. »Gegenüber saß diese junge Frau, und sie hat mir dann halt eines gegeben.« Die drei verstehen sich prächtig. Doch leider muss die Tuch-Spenderin nach zehn Minuten aussteigen. »Da waren schon so Blicke, die man auch anders interpretieren könnte«, erinnert sich Silvio. Nach ihrer Nummer fragt er sie aber nicht. Jetzt ist sie weg! Recht unwahrscheinlich, ihr mal eben wieder im Großstadtdschungel über den Weg zu laufen.

Doch denkste! Zwei Wochen später, es ist ein verhältnismäßig sonniger Tag. Silvio radelt die Frankfurter Allee entlang, und plötzlich macht es »ratter, ratter, ratter: Woher kenne ich diese Person doch gleich?« Silvio dreht um und fährt zurück. Die beiden stehen voreinander und gucken sich an, erneut ergreift die schöne Unbekannte das Wort: »S-Bahn, Taschentuch!« – »Ja, stimmt!« Sie wohne hier in der Nähe, erzählt sie, und steige öfters mal eine Station früher aus, weil sie den Weg schön findet. »Geht mir auch so«, erwidert Silvio, »ich sitze hier oft auf der Bank, wenn die Sonne scheint.« Ungünstigerweise ist Silvio unter Zeitdruck: Nikita muss pünktlich von der Schule abgeholt werden, und er ist bereits spät dran. Die beiden verabschieden sich voneinander, und obwohl sie »voll den Blick hatte«, findet erneut kein Austausch von Kontaktdaten statt. »Manchmal ist man zu verdutzt, als dass man reagieren kann.« Zuhause angekommen hadert er mit sich selbst: »Ich hätte sie nach ihrer Nummer fragen sollen.« Er verfasst ein einziges Zettelgesuch und hängt es mit leuchtendem Klebeband an einen Laternenpfahl an jener Stelle auf, wo sie sich zuletzt unterhalten haben. Tatsächlich erhält er noch am selben Tag eine SMS:

- »Taschentuch?«
- ☺
- »Willst du eines oder gibst du eines?«
- »Ich würde eines nehmen für meinen Sohn und gerade auch für mich.«
- »Ich könnte das eine, was ich habe, teilen.«
- »Wann und wo?«
- »Per Post? Oder an einem geheimen Ort vergraben ...«

Schnell stellt sich heraus, dass es sich um nicht um die Frau aus der S-Bahn handelt. Einige Tage später trifft eine weitere SMS bei Silvio ein: Jemand fragt nach, ob er Trost braucht oder welchen spendet. Und dann ruft ihn noch eine junge Frau an: »Die wollte einfach wissen, was das soll.« Die S-Bahn-Bekanntschaft hat sich jedoch nicht gemeldet, und mittlerweile hängt der Zettel auch nicht mehr. Vermutlich ist er irgendwann den Witterungsbedingungen erlegen. Die Zeit aber drängt nicht, Silvio will nichts überstürzen. Nachdem die Mutter seiner Kinder sich erst vor wenigen Monaten nach 10-jähriger Beziehung von ihm trennte, »bin ich gerade noch in einer Phase, in der ich mich erst wieder mögen muss«, sagt er. Sein Selbstwertgefühl sei ziemlich beschädigt, der Glaube an eine weitere Begegnung mit der Unbekannten jedoch nicht: »Ich fahre da oft lang. Irgendwann werde ich sie dort treffen. Das weiß ich.« Und Silvio weiß auch schon, was er dann als Erstes zu ihr sagen wird: »Da bist du ja.«

Putzfrau gesucht!

Wer hat oder kennt eine nette und zuverlässige Putzfrau, die gerne bei uns alle 2 Wochen für 3-4h bzw. jede Woche für 2h putzen möchte?

Wir, beide 30 Jahre und berufstätig, wohnen hier in der Siegfriedstraße.

Bei Interesse bzw. sachdienlichen Hinweisen bitte melden unter:
0A84095

HA HA HA

SELBER PUTZEN ?!?

FUCKING YUPPIES

Ich habe Urlaub

Arbeitsfaules Pack! vom

Ich nicht.

17.3. - 22.3. 2012

Gestern fand ich einen Brief in meinem Briefkasten, der offensichtlich von jemand anderem bereits geöffnet worden war und in dem der 5€ Tchibo-Gutschein fehlte, der darin enthalten sein sollte. Den Gutschein hätte ich gerne in ein Geschenk für meine kleine Nichte eingelöst. Einfach nur traurig, enttäuschend und sehr schade!!!

Gasnätchl.   *C.B*

Dit heisst
Schrippe!

rötchen Premium

€ 0,15

Zutaten: Weizenmehl, Wasser, Backhefe, Speisesalz, Roggenmehl. Enthält glutenhaltiges Getreide sowie Spuren von Milch und Soja

Bei Bedarf Bürste benutzen

–

BITTE!

TRäumschiff

Alle Achtung! Astreine Alliteration!

DIES IST EINE UNZULÄSSIGE VERALLGEMEIN-ERUNG & ICH HINTERFRAGE DEIN KONZEPT DER GRUPPENBEZOGENEN MENSCHENFEINDLICHKEIT

HOW CAN YOU CALL A BIKE "PAULINE"?!?

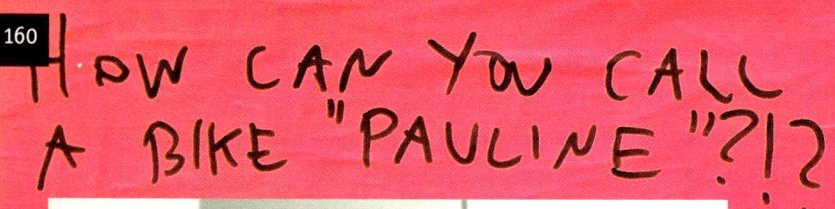

BERLIN. ICK LIEBE ~~DICH~~! DIR!!

Der neue 5-EUR-Schein wird an diesem Automaten noch nicht akzeptiert. ABER ZUM MARS FLIEG!

Have u seen
Pauline?

…neone stole Pauline from Warschauer Brucke friday …ht (15.02.13) between 10.45pm & 01.30am.
If u see her, **PLEASE** call … or contact **Parka** … on FB!

I SEE PAULINE! Call 0(0)2900… FB: Parka	I SEE PAULINE! FB: Parka	I SEE PAULINE! Call 0(0)2900… FB: Parka	I SEE PAULINE! Call 0(0)2900… FB: Parka	I SEE PAULINE! Call 0(0)2900… FB: Parka	I SEE PAULINE! FB: Parka	I SEE PAULINE! Call 0(0)2900… FB: Parka

LAUFRAD
… um ca. 9:00
… gelassen.
WER … ES GEFUNDEN ?
Finderlohn!
0175-5224…
Pass auf deinen Scheiß auf!

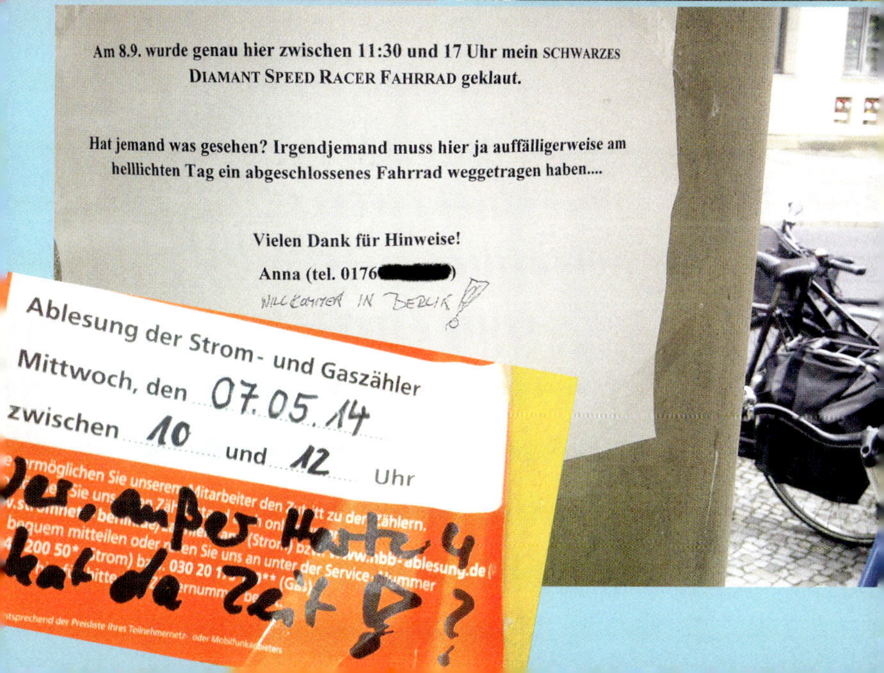

161

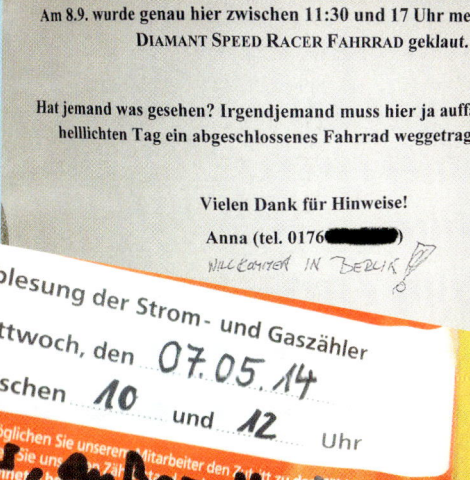

Am 8.9. wurde genau hier zwischen 11:30 und 17 Uhr mein SCHWARZES DIAMANT SPEED RACER FAHRRAD geklaut.

Hat jemand was gesehen? Irgendjemand muss hier ja auffälligerweise am helllichten Tag ein abgeschlossenes Fahrrad weggetragen haben....

Vielen Dank für Hinweise!

Anna (tel. 0176███████**)**

WILLKOMMEN IN BERLIN

Ablesung der Strom- und Gaszähler
Mittwoch, den 07.05.14
zwischen 10 und 12 Uhr

…rmöglichen Sie unserem Mitarbeiter den Z…tt zu den …ählern.
…n…Sie uns… Zäh… on … www.…bb…ablesung…
…s…nummer…ber…g… (Strom…) b… …
bequem mitteilen oder …en Sie uns an unter der Service…ummer
…200 50* …trom) b… 030 20 1… (G…)
…ernum… …
…tsprechend der Preisliste Ihres Teilnehmernetz… oder Mobilfunkanbieters

?

LOCH

500 € FINDERLOHN

ngeber D

Große 15cm, trägt blaue Wildlederhose
enes Hemd mit schwarzer Schleife
HAUFTRAG der EIGENTUMER

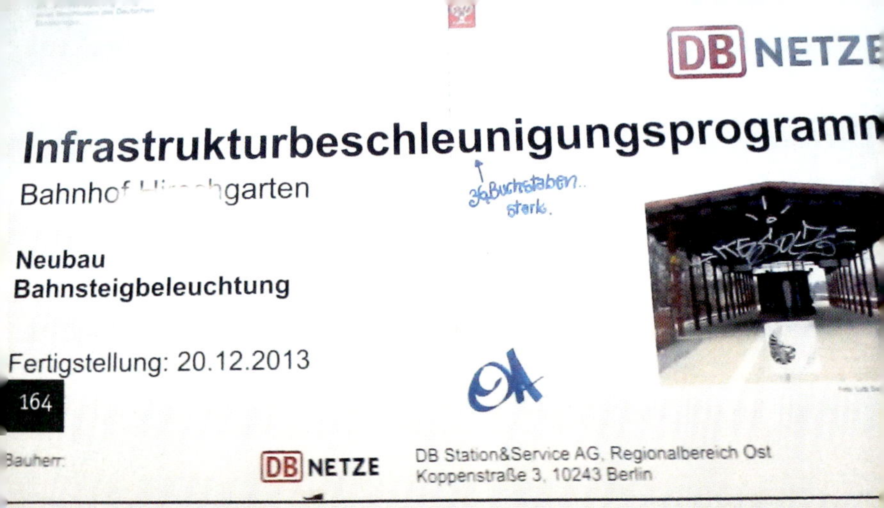
DB NETZE
Infrastrukturbeschleunigungsprogramm
Bahnhof
hgarten
34 Buchstaben... stark.
Neubau
Bahnsteigbeleuchtung
Fertigstellung: 20.12.2013
Bauherr:
DB NETZE
DB Station&Service AG, Regionalbereich Ost
Koppenstraße 3, 10243 Berlin

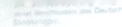

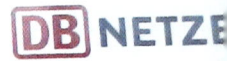

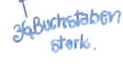

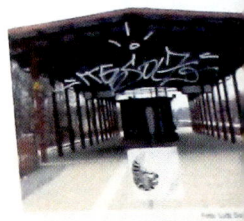

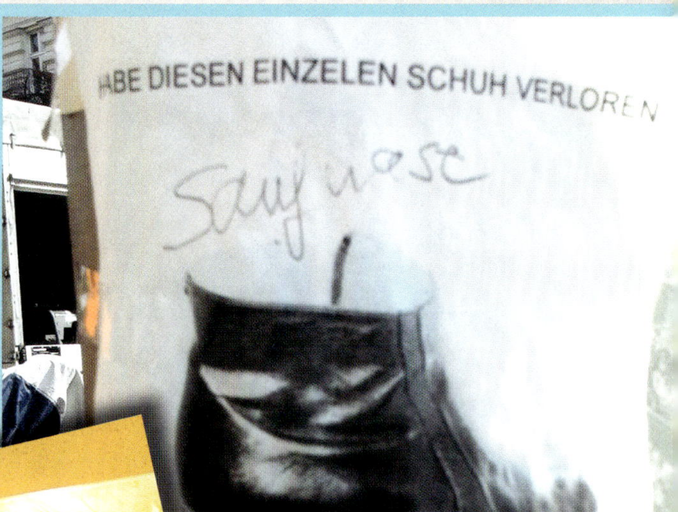
ABE DIESEN EINZELEN SCHUH VERLOREN
ERIN BITTE MELDEN UNTER:

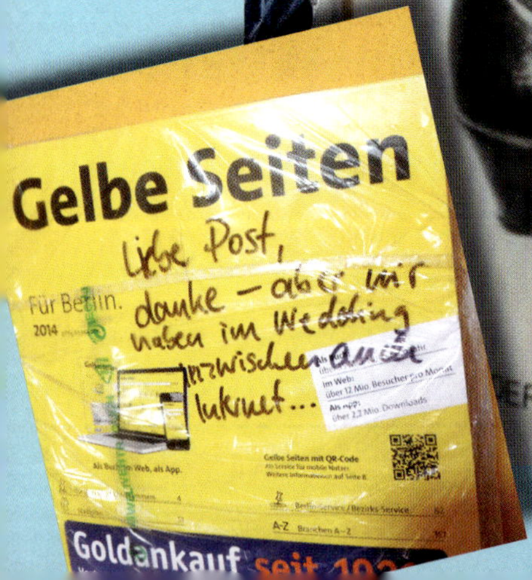
Gelbe Seiten
Für Berlin.
2014
Liebe Post, danke – aber wir haben im Wedding inzwischen auch Internet…
Im Web: über 12 Mio. Besucher pro Monat
Als App: über 2,2 Mio. Downloads
Gelbe Seiten mit QR-Code
Goldankauf

Zu verschenken

Ahoi, is mir zu peinlich zu besitzen!

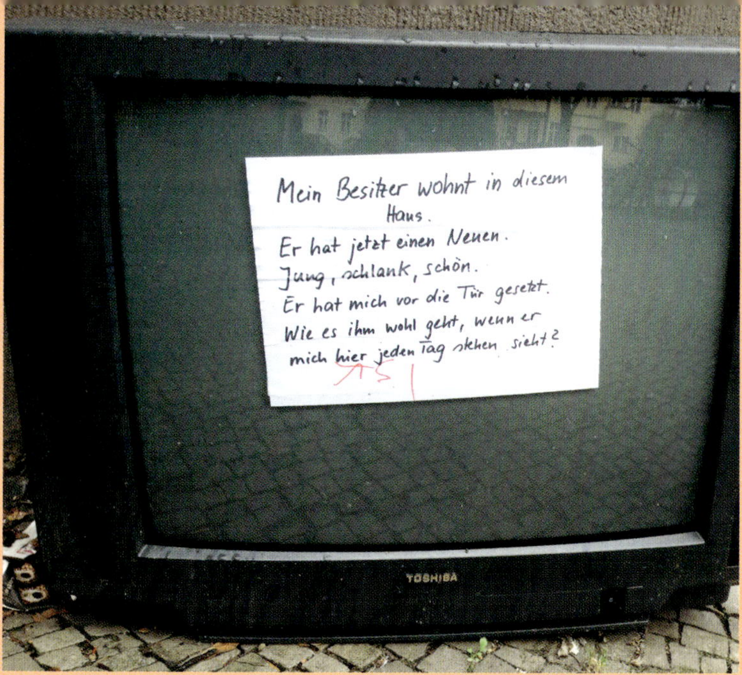
Mein Besitzer wohnt in diesem Haus.
Er hat jetzt einen Neuen.
Jung, schlank, schön.
Er hat mich vor die Tür gesetzt.
Wie es ihm wohl geht, wenn er mich hier jeden Tag stehen sieht?
TOSHIBA

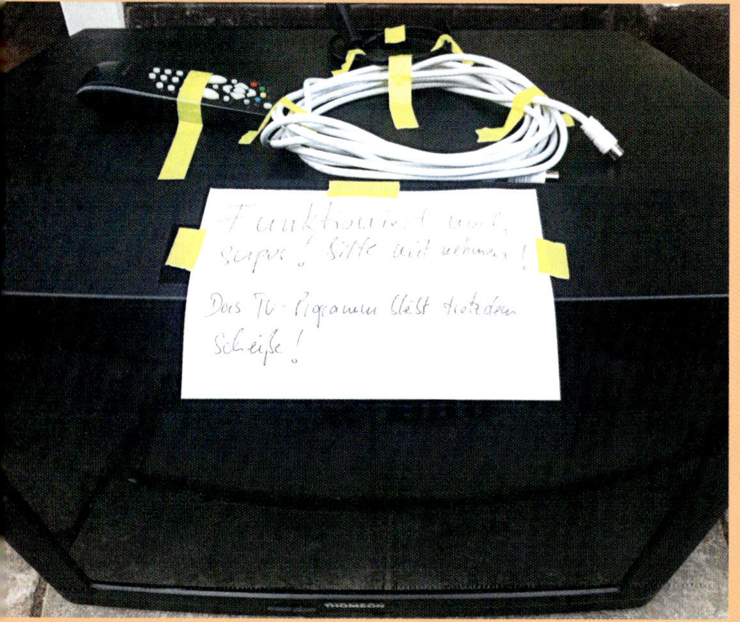
Funktioniert noch super! Bitte mitnehmen!
Das TV-Programm bleibt trotzdem Scheiße!

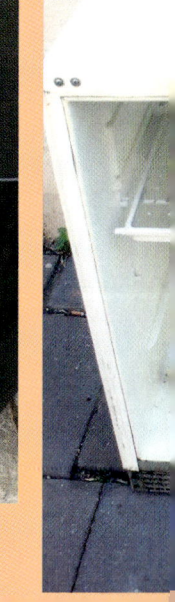

Ahoi,
is mir zu peinlich
zu besitzen 😐
Wer Bock drauf
hat ⇒ viel Spaß
beim Gucken !
°/°

Analoge E-Books
zu
Verschenken !

zu Verschenken
Funktioniert

Ich hasse
Yoghurette

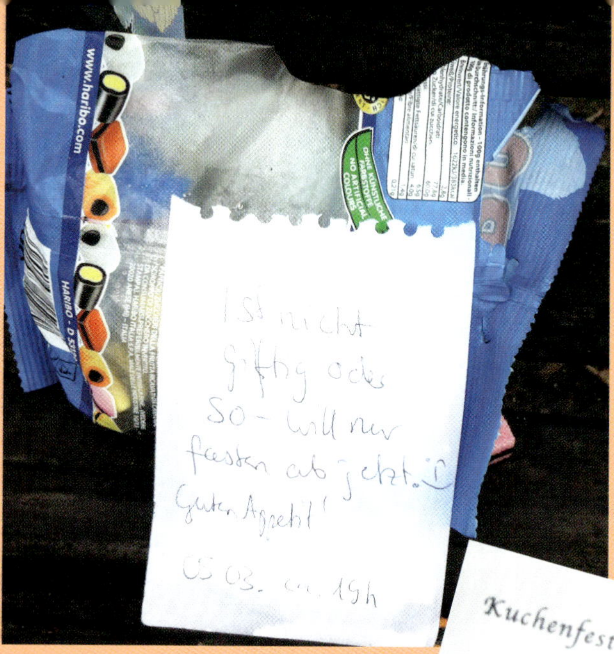
www.haribo.com
HARIBO - D 53…
OHNE KÜNSTLICHE FARBSTOFFE
NO ARTIFICIAL COLOURS
Ist nicht giftig oder so – will nur fasten ab jetzt. :)
Guten Appetit!
05.03. ca. 19h

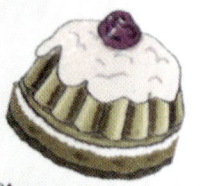

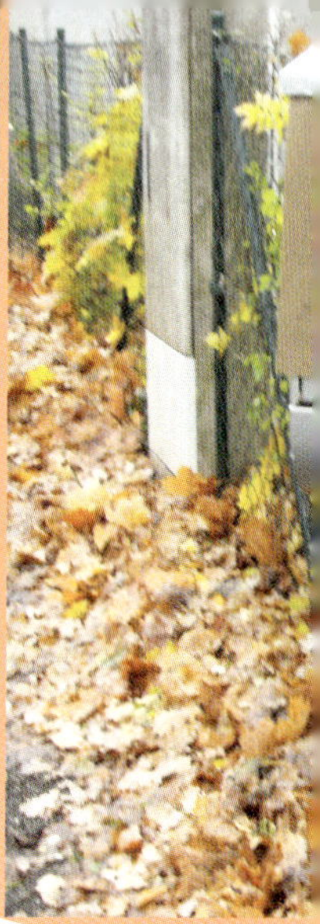

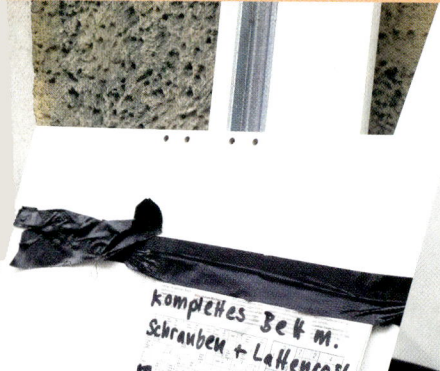

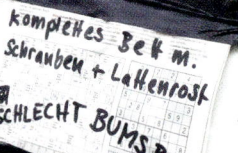

komplettes Bett m. Schrauben + Lattenrost
SCHLECHT BUMSBAR

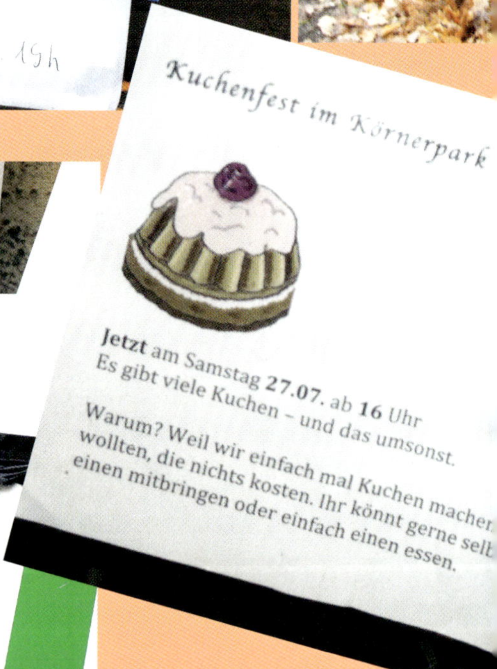
Kuchenfest im Körnerpark
Jetzt am Samstag 27.07. ab 16 Uhr
Es gibt viele Kuchen – und das umsonst.
Warum? Weil wir einfach mal Kuchen machen wollten, die nichts kosten. Ihr könnt gerne selb einen mitbringen oder einfach einen essen.

JAWOGIBTSDENNSOFAS?

170

Sielt zwar scha'ße
aus aber funktio-
niert einwandfrei!
Viel Spaß! *Cabasogi*

BED FRAME
COMPLETE, GOOD CONDI-
TION.
GETTING RID OF IT FOR
EMOTIONAL REASONS.

PLEASE TAKE IT AND
MAKE BABIES ON IT.

Dit is Berlin, wa!
Ich werde grillen, wann ich will!

DENKMAL

DIESES VON EINEM UNBEKANNTEN KÜNSTLER AUS SCHEINBAR VÖLLIG BANALEM HAUSMÜLL UND BAUSCHUTT GESCHAFFENE KUNSTWERK „BEHÖRDEN PING-PONG" WURDE ERSTMALS BEREITS IM JULI 2012 BEIM ORDNUNGSAMT NEUKÖLLN URKUNDLICH ERWÄHNT.

SEIT DER EINWEIHUNG AN DIESER STELLE STEHT DAS DENKMAL UNTER BESONDEREM BESTANDSSCHUTZ, DA SICH BIS HEUTE WEDER DIE BSR (BERLINER STADTREINIGUNG), NOCH DAS OA (ORDNUNGSAMT NEUKÖLLN) AUF EINEN BESSER GEEIGNETEN STANDORT EINIGEN KONNTEN.

SO DÜRFEN SICH DIE ANWOHNER WOHL NOCH FÜR LÄNGERE ZEIT AN DIESEM - FÜR KUNSTHISTORIKER EINZIGARTIGEM - DENKMAL ERFREUEN, BEVOR ES DER HARTE BERLINER WINTER BIS ZUM NÄCHSTEN FRÜHJAHR SANFT MIT EINER DECKE AUS SCHNEE UMHÜLLT.

MIETSTREIK!

Lieber politischer Aktivist!

Ich finde es super, dass du dich für deine Ideale engagierst. Um dir einen reflektierten Umgang damit zu ermöglichen, will ich dir Informationen zu dem Haus geben, dass du unter dem Deckmantel der Gentrifizierungskritik verunstaltet hast.

Ich habe ein Netto-Monatsgehalt von ca 1000€. Dank der staatlichen Wohnungsbaugesellschaft, die dieses Gebäude unterhält, kann ich es mir für 320€ Warmmiete leisten in Friedrichshain zu wohnen. Aktionen wie deine wirken sich negativ auf meine Lebenshaltungskosten aus und sorgen dafür, dass mir weniger Geld für eine gesunde, abwechslungsreiche Ernährung und die Nutzung des umfangreichen kulturellen Angebots in Berlin bleibt.

Ich würde mich freuen, wenn du dir zukünftig mehr Gedanken darüber machen könntest, wie du deiner Frustration Ausdruck verleihen kannst.

Für den Fall, dass du einfach nur randalieren wolltest und steigende Mieten nur als Ausrede für deinen Vandalismus verwendetest, vergiss alles Gesagte. Jeder Berliner weiß, dass Graffiti zur Großstadt gehört, aber dann sei doch wenigstens ehrlich und stell dich nicht auf ein Podest als Retter der Armen. Das ist scheinheilig.

Alles Gute

AMPEL PIZZA
auf Zuruf
PIZZA SALAMI
oder
PIZZA MOZZARELLA
3,50€
Fahren Sie einmal im Kreis -
wird direkt an Ihr Fenster
gebracht

Das Alphabet-
system

A = 1
B = 2
C = 3
D = 4
E = 5
F = 6
G = 7
H = 8
i = 9
J = 10
K = 11
L = 12
M = 13
N = 14
O = 15
P = 16
Q = 17
R = 18
S = 19
T = 20
U = 21
V = 22
W = 23
X = 24
Y = 25
Z = 26

Das Wort SEX hat den selben numerologischen Wert wie das Wort FICKEN und der Name TOM.

SEX
$19 + 5 + 24 = 48$

FICKEN
$6 + 9 + 3 + 11 + 5 + 14 = 48$

TOM
$20 + 15 + 13 = 48$

Pardon, so is es halt. ☺

Und gerechnet durch die Numerologie nach Pythagoras, hat das Wort NATÜRLICH ebenfalls der numerologischen Wert 48.

For more details check
WWW.ARTWAR.EU

Handys, Videokonsolen, Videospiele
Kunst & Antiquitäten

Schwaben verstehen

Einfacher Grundkurs der Schwäbischen Sprache
hier im Kiez

Kursziel: Schwaben verstehen in Wort und Gefühl,
Berührungsängste abbauen, Schwäbisches Volksgut,
gemeinsames Singen (auf der schwäbsche Eisenbahn
uvm.), Austausch mit Schwabenmütter, Grundlagen des
schwäbischen Essens erlernen (Spätzle, Gaisburger Marsch, uvm.), gemeinsames Abschlussessen

173

10 Einheiten à 45 min
Kosten pro Teilnehmer insgesamt: 100 Euro
Ort: Bei uns zuhause

Wir freuen uns auf ihre Anmeldung unter der
(AB) oder
Telefonnummer: 030 41 71   @gmail.com
E-Mail-Adresse: th.

Mit uns lernscht schwätza, denn: wir können alles außer
hochdeutsch!

...pe und ...en Auberle mit ihren Kie...
8, 16.0... und Felix
...email, sms o... ...fonisch an...

Stelle frei:

- Sie sind gerne an der frischen Luft?
- Sie schlagen gern mal zu?
- Sie machen auch nicht halt vor Kindern?

Dann haben wir den richtigen Job für Sie!

Wir bieten:

- Tatkräftige Unterstützung
- Einsätze in der ganzen BRD
- Tränengas soviel Sie mögen
- Überstunden

Melden Sie sich einfach bei Ihrer Polizei. Stichwort:
„Ich kann nix, ich bin nix, gebt mir eine Uniform"

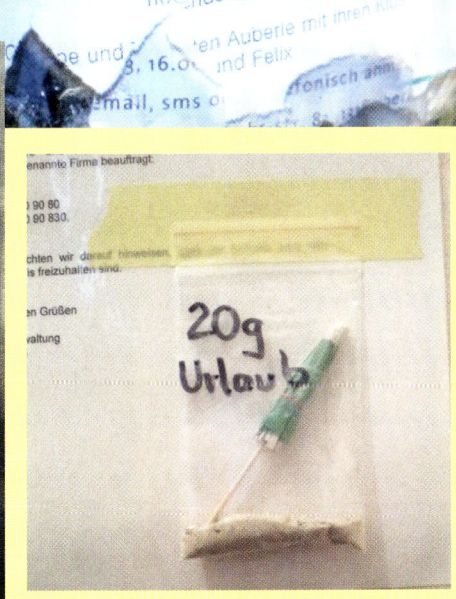

...enannte Firma beauftragt.

...0 90 80
...0 90 830.

...chten wir darauf hinweisen, ...
...is freizuhalten sind.

...en Grüßen

...waltung

20g
Urlaub

Hallo tätowerte Frau ... ... Donaustr. 115! Bitte bringe deinen Fernseher zur Bsr.

Uffzuch jeht nich, musste loofen, wa :

Wenn dein Leben dich Nervt, dann streu Glitzer drauf

– Lena Kim

WONDERWALL

Das ist keine Touchpad Theke Antippen bringt nichts!

Krangstange mit Mohn...

FÜR ROBBIN Stehen lassen!

HOL ES BITTE ZEITNAH AB, ROBBIN! ES STINKT NACH PISSE!

DANKE

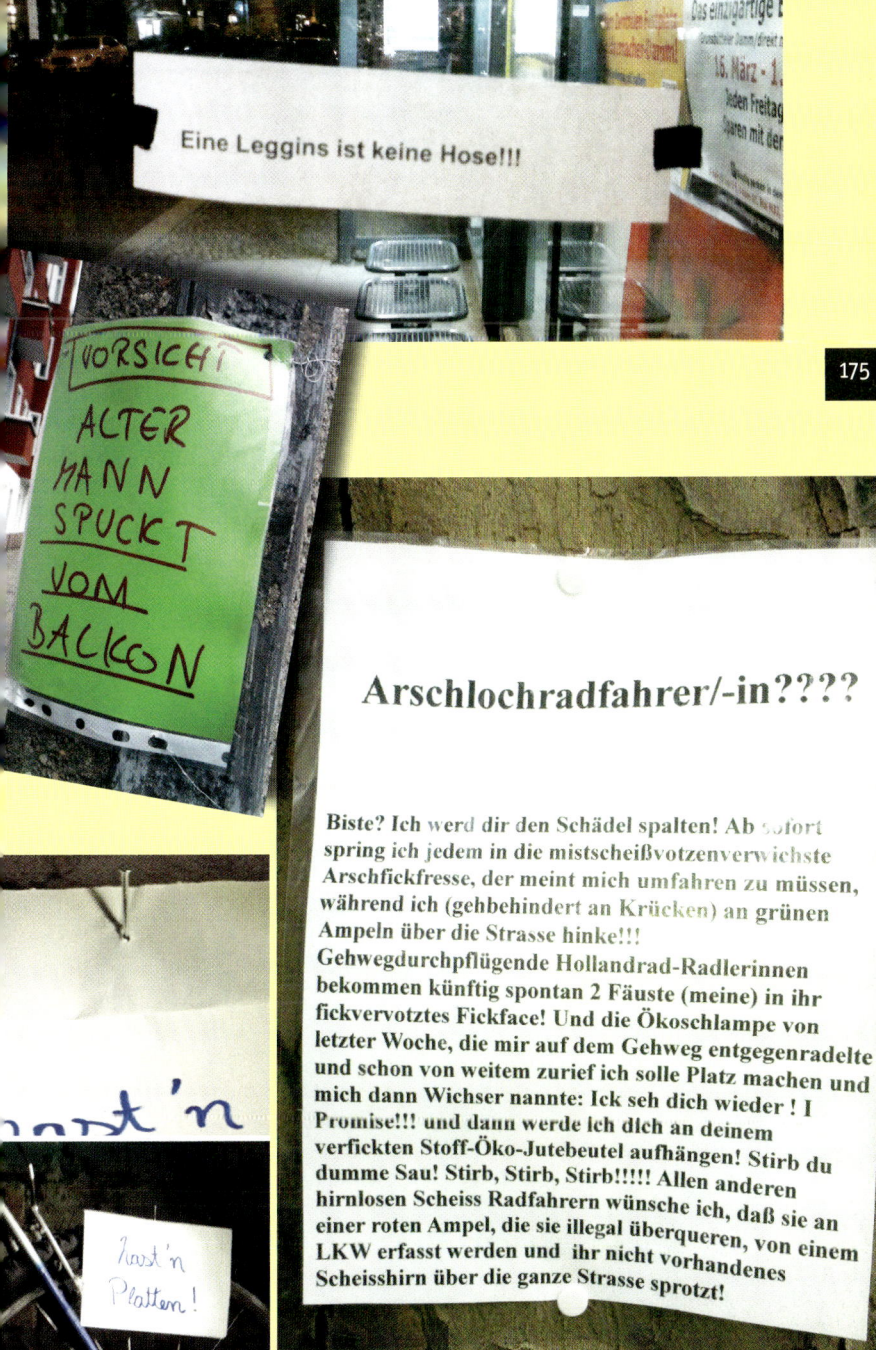

CDU + FDP
sind

Zimmer frei für Herr Snowden

Schneemann
leicht defekt, an Bastler
zu verschenken!

psyche

An die Leute, mit ihren
Zettelbotschaften!
Wenn ihr ein Problem habt, einfach
sagen! Keine Zettel

Ich werde grillen wann ich
will! Könnt mich am
Arsch lecken!

For one
Please,
just star
in silen
and loo
at the s
and cor
how
amazin,
life is.

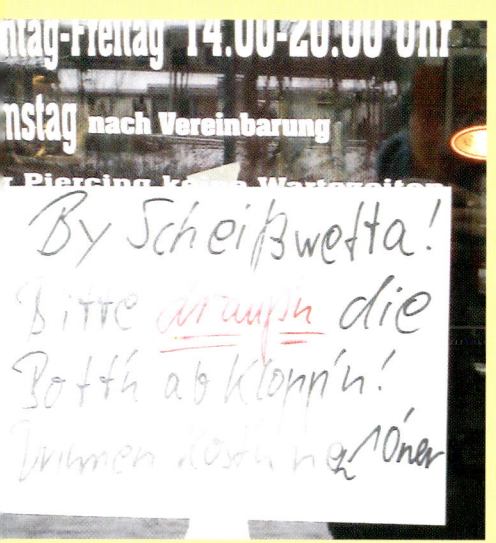

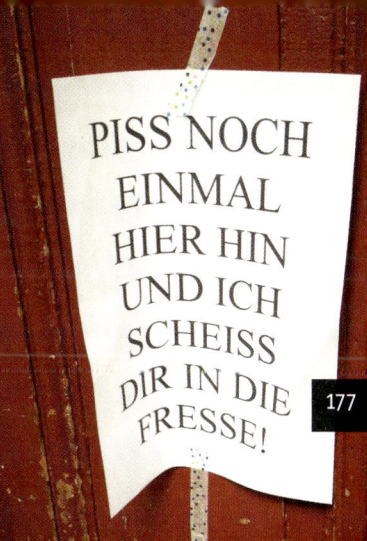

Liebe Kunden, liebe Prenzelberger!

Wieder wird die Zeit umgestellt - entgegen aller Logik und besseren Wissens.

Ich halte diese Zeitumstellung für völlig **falsch!**

Deshalb teile ich mit:

Ich boykottiere diese Zeitumstellung und mache sie nicht mit!

Meine Zeit bleibt die ganz normale Mitteleuropäische Zeit!

Bitte beachten Sie das bei meinen Öffnungszeiten.

Vielen Dank!

Renate
Zoofachhandel

In meiner dunkelsten Alkoholstunde in der Nacht zum Freitag hast du mich in den 3. Stock nach Hause getragen – es war bestimmt kein Spaß.

Dafür, liebes französisches Mädchen

DANKE!

Sorry, hab das Kennzeichen für 'ne Probefahrt geklaut.
Kriegen sie garantiert wieder, mit Schraube
Schwur beim <u>Ehrencodex</u>

I'm
tired
slee

Tampons
selber filzen

Du bist Frau! Weiblichkeit ist deine pure Lust und bei deinem monatlichen Zyklus fühlst du dich eins mit der Natur. Ich möchte dir helfen deine Menstruation zukünftig noch bewusster zu erleben. Gemeinsam naturbelassene Tampons aus Filz-Schafwolle (recycelt / auswaschbar) kreieren. Denn es ist dein Körper und du bestimmst, ob Fremdeinflüsse und Konsum dein ICH dominieren.

Bitte sensitive und verträgliche Materialien mitbringen. Denkt an mögliche Allergien. GIRLS ONLY!

Anmeldungen und Infos unter
regine

@yahoo.de

Berlin ist KEIN VERDAMMTER Ponyhof !!!

Glücks-aufladestation

← Hier berühren

Take a LINE!

Liebe Leute,

...ier um Euch herum wohnen
...nd leben Menschen, die
...achts schlafen wollen!

...lso beim Rauchen einfach
...e Fresse halten!

...nke

Klingelanlage ist defekt!
entweder anrufen, brüllen
oder nach Hause gehen!

SCHLÜSSEL GEFUNDEN!

Tel.: 0151-43822366

Es wäre sehr freundlich, wenn der Aushang nicht gleich wieder abgerissen werden würde. Danke!

VORSICHT
SEIN BITTE!
Bei FRAGEN / PROBLEME
030 322959
DANKE

Tanja
geb u g
Blockhure
will meine
Sachen wieder
Nutte
sicher nie wieder

Es ist nie zu
spät für
eine glückliche
Kindheit.

‖‖‖ Berlin

POZILEI

Die Berliner Pozilei bittet um Ihre Mithilfe

Sehr geehrte Mitbürgerinnen und Mitbürger, liebe Touristen,

wegen der zu erwartenden hohen Temperaturen am Tag des Besuches des US-Präsidenten Barack Obama und im Zusammenhang einer noch immer nicht geschlossenen Ozonschicht wird es am Mittwoch, den 19. Juni 2013, im Innenstadtbereich zu einem erheblichen Mangel an Sauerstoff kommen.

181

Um die Sicherheit unseres Staatsgastes und seiner Begleitung zu gewährleisten, gilt für diesen Tag folgender Erlass des Pozileipräsidenten

Am

19. Juni 2013 ab 9:00 Uhr

ist die Atmung männlicher Bürger auf ein Mindestmaß zu reduzieren, Kinder, Frauen und Touristen dürfen bis 10:00 Uhr voll ein-, jedoch nur langsam ausatmen.
Diese Maßnahme endet am selben Tag mit Betriebsschluss.

In der Zeit

von 13:00 bis 16:30 Uhr

ist jegliches Atmen einzustellen.

Im Falle einer Ohnmacht helfen Sie bitte zuerst mitreisendem Sicherheits-personal und Scharfschützen.

Es bedankt sich, auch im Namen unseres Gastes,
Ihr Pozileipräsident von Berlin

Berlin, 18.06.2013

MEIN AUTO FRISST BENZIN
– KEINE STULLEN!

SOLLTE ICH ES DAS NÄCHSTE MAL
MITBEKOMMEN, DASS DU DEINE REUDIGE
DRECKSSTULLE AUF MEIN AUTO KLATSCHT,
SCHIEB ICH SIE DIR IN DEIN SCHEIB
ARSCH, DU SPACKO !!!!

öffnungszei

Offen ist we

Zur Zeit is

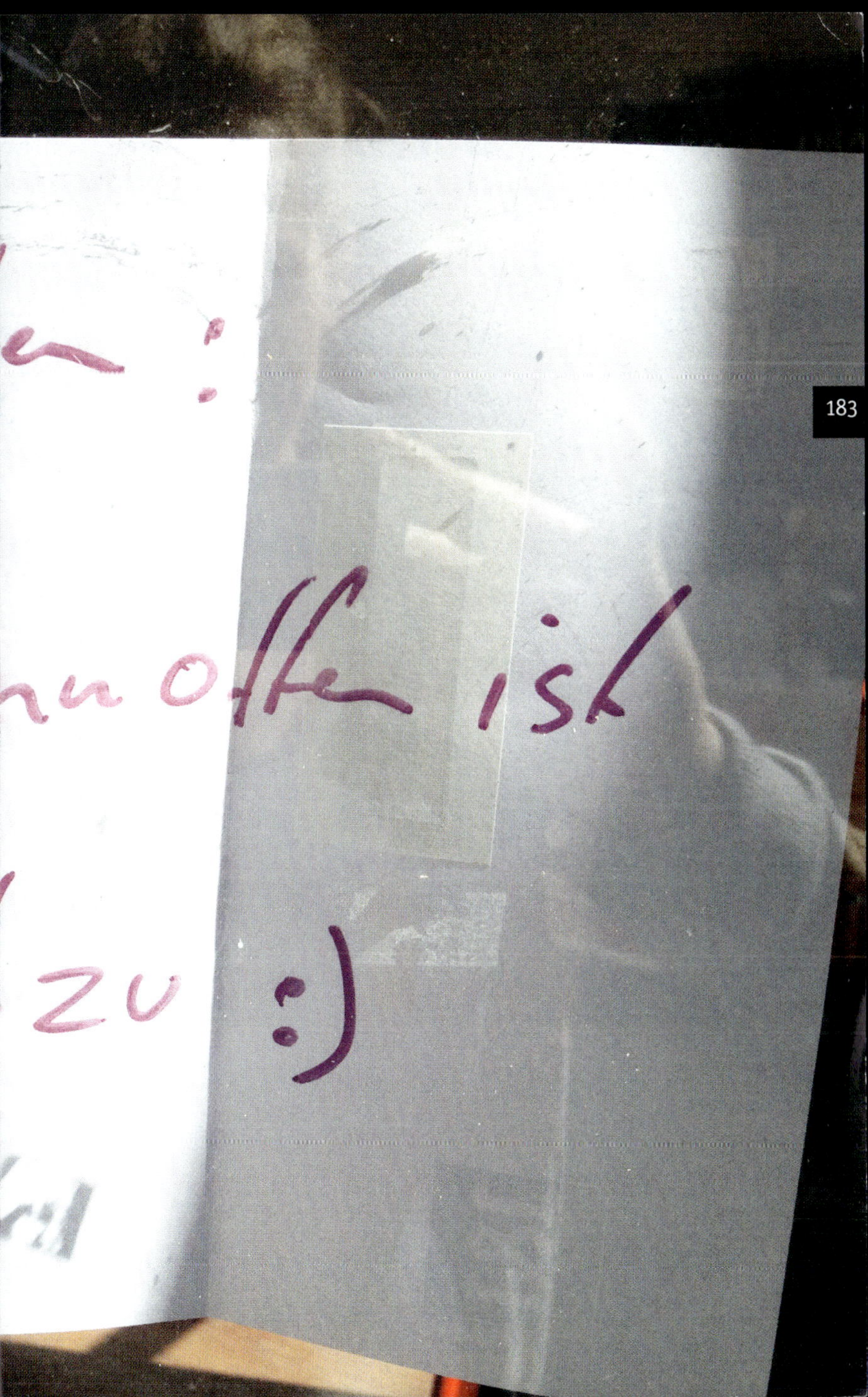
offen ist
zu :)

Entdecker

Wohnungssuche

11: oben: KINCH | Bäumerplan (Tempelhof)
11: unten: AMIRA | Grünberger Straße (Friedrichshain)
12: oben links: LAUDIA | Borsigstraße (Mitte)
12: oben rechts: Flo Walker | Durch Berlin wandelnd
12: unten links: KOLJA | Bürknerstraße (Neukölln)
12: unten rechts: NOTES OF BERLIN | Schwarzes Brett FU-Berlin (Dahlem)
13: NANAMI | Maybachufer (Kreuzberg)
14: oben links: MAD MALONE | Paul-Lincke-Ufer (Kreuzberg)
14: oben rechts: NOTES OF BERLIN | Lenaustraße (Neukölln)
14: unten: NOTES OF BERLIN | Hauptstraße (Schöneberg)
15: NOTES OF BERLIN | Karl-Marx-Straße (Neukölln)
16: oben: DIGGES ENTLEIN | Muskauer Straße (Kreuzberg)
16: Mitte: JENS | Rummelsburger Bucht (Treptow)
16: unten: INGO | Sauerbruchweg, Charité Campus (Mitte)

Stadtentwicklung

17: NOTES OF BERLIN | Weisestraße (Neukölln)
18: oben: RR | Alt-Stralau
18: unten: NOTES OF BERLIN | Pappelallee (Prenzlauer Berg)
19: oben: SVENJA | Mainzer Straße (Neukölln)
19: unten links: RESI | Karl-Marx-Platz (Neukölln)
19: unten rechts: NOTES OF BERLIN | Herrfurthstraße (Neukölln)
20: NOTES OF BERLIN | Weisestraße (Neukölln)
21: oben: ANDREW | Fidicinistraße (Kreuzberg)
21: Mitte: GELI | Matternstraße (Friedrichshain)
21: unten: KEVIN | Pappelallee (Prenzlauer Berg)
22: oben: KAMI | Voßstraße (Mitte)
22: unten: TAMGA | Antonplatz (Weißensee)

Biete

23: oben: LUCIE | Körnerpark (Neukölln)
23: unten links: KÄTHE | FU-Berlin (Dahlem)
23: unten rechts: NOTES OF BERLIN | Copyshop, Hermannstraße (Neukölln)
24: oben links: I LOVE LEEDS | Supermarkt (Mitte)
24: oben rechts: ALEX | Paul-Lincke-Ufer (Kreuzberg)
24: Mitte links: ANNE RUOKAMO | Reinickendorf
24: Mitte rechts: ANNE | Marktstraße (Friedrichshain)
24: unten links: C3000 | Café (Prenzlauer Berg)
24: unten rechts: TONY | Supermarkt, Andreasstraße (Friedrichshain)
25: oben: JULIA | Waschsalon, Martin-Luther-Straße (Schöneberg)
25: unten: NOEMI | Schöneberg
26: ANNETT | Parkstraße (Weißensee)

Suche

29: oben: KATHARINA | Tempelhofer Damm (Tempelhof)
29: unten: JARDIN | Kneipe, Weisestraße (Neukölln)
30: oben links: MATEO | HU-Berlin (Mitte)
30: oben rechts: ALI | Moabit
30: unten links: NOTES OF BERLIN | Hermannstraße (Neukölln)
30: Mitte rechts: MILENA | Charlottenburg
30: rechts unten: VERA | Charlottenburg
31: oben links: ANNE | Kreuzberg
31: oben rechts: JENS | Richard-Sorge-Straße (Friedrichshain)
31: unten: TAMAN | Oudenarder Straße (Wedding)
32: oben: THOMAS | TU-Berlin (Charlottenburg)
32: unten links: BEFI | Kreuzberg
32: unten rechts: TED BEAR | Supermarkt, Karl-Lade-Straße (Lichtenberg)
33: oben: FLO | Männertoilette einer Bar, Kastanienallee (Prenzlauer Berg)
33: Mitte: NOTES OF BERLIN | U-Boddinstraße (Neukölln)
33: unten: MERIDIAN | Supermarkt, Schönhauser Allee (Prenzlauer Berg)
34: oben links: DAVID | Boulevard Berlin (Steglitz)
34: oben rechts: RICARDO | Yorckstraße (Kreuzberg)
34: Mitte links: JULIANE | Friedrichsgracht (Mitte)
34: unten links: FULL BANANI | Schäfersee (Reinickendorf)
34: unten rechts: MARIE | Tiergarten
35: oben: JENS | Friedrichshain
35: unten links: JENNIFER | Plötzensee (Wedding)
35: rechts unten: ROMAN | S-Treptower Park (Treptow)
36: ALEC | Warschauer Straße (Friedrichshain)

Post, DHL & Co.

37: Marcus | Charlottenburg
38: oben: SARUSI | Flughafenstraße (Neukölln)
38: unten: CHRISTOPH | Euler Straße (Gesundbrunnen)
38: unten rechts: ELISE | Kopenhagener Straße (Prenzlauer Berg)
39: oben links: XAN | Moabit
39: oben rechts: MARCEL | Prenzlauer Berg
39: unten: STEFAN | Friedrichstraße (Mitte)
40: oben links: LUTZ | Sonnenallee (Neukölln)

40: oben rechts: OLIVER | Prenzlauer Berg
40: unten: DIETSMOKE | Möckernstraße (Kreuzberg)

Werbung
41: oben: TOM | Siegfried-Berger-Straße (Köpenick)
41: unten: MIEZE | Gotzkowskystraße (Moabit)
42: oben links: AVENIKA | Landwehrkanal (Kreuzberg)
42: oben rechts: JULIEN | Reuterstraße (Neukölln)
42: unten: NILS | Friedrichshain
43: J-S | Wedding
44: Maraike | Mierendorffplatz (Charlottenburg)

Love in the city
45: oben: JAN | U-Schönhauser Allee (Prenzlauer Berg)
45: unten: JOHANNA | Kurfürstendamm (Charlottenburg)
46: ANDY | Tram-Haltestelle Bersarinplatz (Friedrichshain)
47: oben links: PIOTR78 | Gastbeitrag aus Bonn
47: oben rechts: MICHA | Greifswalder Straße (Prenzlauer Berg)
47: unten links: PETRA | Choriner Straße (Prenzlauer Berg)
47: unten rechts: SARA | Pappelallee (Prenzlauer Berg)
48: DIANA | Rigaer Straße (Friedrichshain)
49: oben: MARKUS RAMONE | Dresdener Straße (Kreuzberg)
49: unten: SUS ANNE | Kottbusser Tor (Kreuzberg)
50: RUBEN | Senefelder Platz (Prenzlauer Berg)
51: oben: JULE | Club, Wilde Renate (Friedrichshain)
51: unten links: ZARAH | Bersarinplatz (Friedrichshain)
51: unten rechts: MITCHIRU | Karl-Marx-Straße (Neukölln)
52: oben: MANDARINA | U-Hermannplatz (Neukölln)
52: unten links: CHLOE | Neue Kantstraße (Charlottenburg)
52: unten rechts: JANINE | Paulsborner Straße (Wilmersdorf)
53: CARSTEN | Grünberger Straße (Friedrichshain)
54: oben links: INA | Ernst-Reuter-Platz (Charlottenburg)
54: oben rechts: CLAUDIA | Breitenbachplatz (Steglitz)
54: unten links: JAN | Savignyplatz (Charlottenburg)
54: unten rechts: FUCKTYSK | Föhrer Straße (Wedding)

Stadtauto
55: oben: BOMMEL | Rummelsburger Landstraße (Lichtenberg)
55: unten links: HILTRUD HÜSCH | Hagenauer Straße (Prenzlauer Berg)
55: unten rechts: SCHPAHM | Knesebeckstraße (Charlottenburg)
56: oben: MICHAEL | Friedenau
56: Mitte links: YVONNE | Paul-Lincke-Ufer (Kreuzberg)
56: Mitte rechts: MORITZ | Havelländer Ring (Hellersdorf)
56: unten links: MATE | Oranienstraße (Kreuzberg)
56: unten rechts: EL LOGO | Nahe Mühlenbrücke (Neukölln)
57: oben: TIMMMY | Dortmunder Straße (Moabit)
57: Mitte links: FABIAN | Linienstraße (Mitte)

57: Mitte rechts: SIMON | Czeminskystraße (Schöneberg)
57: unten: HELEN | Jessnerstraße (Friedrichshain)
58: oben: MARTIN | Eugen-Schönhaar-Straße (Prenzlauer Berg)
58: unten: NORA | Hertzallee (Charlottenburg)

Kleine in der Großstadt
59: SGMRSTRN | Prenzlauer Berg
60: oben links: STEPHANIE | Hackerstraße (Friedenau)
60: oben rechts: FRANK ABEL | Alt-Kladow
60: unten: DASYURI | Lückstraße (Lichtenberg)
61: oben: KERSTIN | Bekassinenweg (Heiligensee)
61: unton links: FLORI | Wühlischstraße (Friedrichshain)
61: unten rechts: JASCHA | Volkspark Friedrichshain
62: SOPHIA | Supermarkt, Warschauer Straße (Friedrichshain)
63: oben: DENNBEE | Schlosspark (Pankow)
63: unten: CARSTEN | Görlitzer Straße (Kreuzberg)
64: Michèle | Mitte

Diebe und Einbrecher
65: oben: HAMPEL | Neukölln
65: unten: BERND | Großbeerenstraße (Kreuzberg)
66: oben links: PAUL | Weichselstraße (Neukölln)
66: oben rechts: LENA | Plattenladen, Hermannplatz (Neukölln)
66: unten: DANIEL | Schönhauser Allee (Prenzlauer Berg)
67: CHANTAL | Frankfurter Allee (Friedrichshain)
68: MAIKE | Wedding
69: oben: KADDE | Kattegatstraße (Pankow)
69: unten: SCHREDES | Frankfurter Allee (Friedrichshain)
70: oben links: PAULINE | Oberlandstraße (Tempelhof)
70: oben rechts: CLEMO | Sprengelstraße (Wedding)
70: unten: DIE MUTTI | Schönleinstraße (Kreuzberg)
71: oben: SOPHIE | Nordufer (Wedding)
71: unten links: DANIEL | Pestalozzistraße (Charlottenburg)
71: unten rechts: ANONYM | Weigandufer (Neukölln)
72: KOWALSKI | Rigaer Straße (Friedrichshain)
73: oben: ULRIKE | Reichenberger Straße (Kreuzberg)
73: unten: MICHI | Kreuzberg
74: oben: KRISTIN | Herrfurthstraße (Neukölln)
74: unten links: HERBERT | Gastbeitrag aus Senftenberg (Brandenburg)
74: unten rechts: MARIKA | Greifswalder Straße (Prenzlauer Berg)
75: unten: MARK | Neue Kantstraße (Charlottenburg)
76: CLAUDIA | Dunckerstraße (Prenzlauer Berg)

Berlin ist kein Wunschkonzert
77: JOHANNES | Karneval der Kulturen (Kreuzberg)
78: oben links: JULIA | Nostitzstraße (Kreuzberg)

78: oben rechts: RAUTGUNDIS | Feuerbachstraße (Steglitz)
78: Mitte rechts: CHRISTIN | Buchladen, Müller Straße (Wedding)
78: unten: MARTIN | Urbanstraße (Kreuzberg)
79: oben links: SIMONE | Brusendorferstraße (Neukölln)
79: oben rechts: THOMAS | Torstraße (Mitte)
79: unten: LULU | Lenbachstraße (Friedrichshain)
80: oben: ARI | Weserstraße (Neukölln)
80: unten links: DASGIB | Mehringdamm (Kreuzberg)
80: unten rechts: NOTES OF BERLIN | Oranienstraße (Kreuzberg)

Tür an Tür

81: JAN | Choriner Straße (Prenzlauer Berg)
82: oben links: SABINE | Alt-Moabit
82: oben rechts: PAUL PILLERT | Manitiusstraße (Neukölln)
82: Mitte links: ANNA | Frankfurter Allee (Friedrichshain)
82: Mitte rechts: JAN | Chamissoplatz (Kreuzberg)
82: unten links: TAL | Weisestraße (Neukölln)
82: unten rechts: LIBRECILLAS | Burgsdorfstraße (Wedding)
83: oben links: André | Alt-Treptow
83: oben rechts: KAREN | Naunynstraße (Kreuzberg)
83: Mitte: JAN | Neukölln
83: unten links: PHILIPP | Graunstraße (Mitte)
83: unten rechts: ALEC | Prenzlauer Berg
84: PEER | Karl-Marx-Straße (Neukölln)
85: NICOLA | Tiergarten
85: Mitte rechts: DITZE | Pankow
86: oben links: FELIX | Waldemarstraße (Kreuzberg)
86: oben rechts: TINA | Keibelstraße (Mitte)
86: unten links: ANNA | Neukölln
86: unten rechts: GEOFFREY | Petersburger Straße (Friedrichshain)
87: oben: JOHANNES | Kottbusser Damm (Neukölln)
87: unten: ANNE | Parchimer Allee (Neukölln)
88 - 89: CLAUDIA | Korsörer Straße (Prenzlauer Berg)
90: oben links: THORBEN | Osloer Straße (Wedding)
90: oben rechts: UWE | Hufelandstraße (Prenzlauer Berg)
90: unten links: TOOTS | Kreuzberg
90: unten rechts: RAKETE | Pankstraße (Wedding)
91: KATH | Nogatstraße (Neukölln)
92: ISABEL | Eberswalder Straße (Prenzlauer Berg)

Lost & Found

95: oben: CLAUDIA | Warschauer Straße (Friedrichshain)
95: unten links: NOTES OF BERLIN | Schönhauser Allee (Prenzlauer Berg)
95: unten rechts: TIM | Münzstraße (Mitte)
96: oben links: GUIM | S-Bahnhof Bornholmer Straße (Prenzlauer Berg)
96: oben rechts: CARO | Wildenbruchstraße (Neukölln)

96: Mitte links: BASTEL | Schönefeld
96: Mitte rechts: FRANK | Berliner Allee (Weißensee)
96: unten links: LILLY | Fregestraße (Friedenau)
96: unten rechts: JANOSCH | Mitte
97: CHARLIE | HU-Berlin, Invalidenstraße (Mitte)
98: oben links: JÜRGEN | Schönhauser Allee (Prenzlauer Berg)
98: oben rechts: MARTIN | Waldemarstraße (Kreuzberg)
98: Mitte rechts: GESA | Kaiserin-Augusta-Straße (Tempelhof)
98: unten rechts: WOLF | Görlitzer Park (Kreuzberg)
99: SARA | Herrfurthstraße (Neukölln)
100: oben links: LISA | U- Bahnhof Hermannstraße (Neukölln)
100: oben rechts: CARO | Lohmühlenstraße (Neukölln)
100: unten links: ANONYM| Fundort unbekannt
100: unten rechts: PATRICK | Wrangelstraße (Kreuzberg)
101: oben links: FRANZI & CEDRIC | Westphalweg (Tempelhof)
101: oben rechts: ANDY | Ganghoferstraße (Neukölln)
101: Mitte: FRONZI 535 | Tram-Haltetelle Schönfließer Straße (Prenzlauer Berg)
101: unten links: DANIEL | Köpenicker Straße (Kreuzberg)
101: unten rechts: CLOUDIUS | Tempelhofer Feld (Neukölln)
102: oben: TUTTO BENE | Ihnestraße (Dahlem)
102: unten links: SIRI | Wilmersdorfer Straße (Wilmersdorf)
102: unten rechts: ANNA | Fundort unbekannt
103: INES | Moabiter Brücke (Moabit)
104: oben: CECILIA | Charlottenburg
104: IGOR 92 | Kleingartenanlage (Adlershof)
104: unten: SUSANNE | Großbeerenstraße (Kreuzberg)
105: oben: INA | Kastanienallee (Prenzlauer Berg)
105: unten links: CARSTEN | Görlitzer Park (Kreuzberg)
105: unten rechts: MARIE | Gräfestraße (Kreuzberg)
106: LEA | Kater Holzig, Köpenicker Straße (Kreuzberg)

Fahrraddiebe

107: THORBEN | Bundesplatz (Wilmersdorf)
108: IRENE | Maybachufer (Neukölln)
109: LE GUS | Kreuzberg
109: unten links: FRANK | Friedrichshain
109: unten rechts: TESSI | Friedrichshain
110: LOTTA | Frankfurter Allee (Friedrichshain)
110: unten: FELIX | S-Bahnhof Wedding
111: oben links: CORINNA | John-Scher-Straße (Prenzlauer Berg)
111: oben rechts: JANE | Gotenstraße (Schöneberg)
111: unten links: CLAUDIA | U-Bahnhof Wedding
111: unten rechts: ANONYM | Neukölln
112: oben: KARL | Sonntagstraße (Friedrichshain)
112: unten: ANDREAS | Pestalozzistraße (Charlottenburg)

186

Straßenmalerei

113: SEBASTIAN | Falckensteinstraße (Kreuzberg)
114: oben: KAJOTT | Karl-Kunger-Straße (Treptow)
114: Mitte: JULIA | U-Bahnhof Blissestraße (Charlottenburg)
114: MARTON | Lausitzer Straße (Kreuzberg)
115: oben: JULIA | Paul-Lincke-Ufer (Kreuzberg)
115: Mitte: PIECED OF BERLIN | Karl-Marx-Allee (Friedrichshain)
115: unten: GRINSEKATZE | Jessnerstraße (Friedrichshain)
116: oben links: STRONGERTHANBEFORE | Kreuzberg
116: oben rechts: MARTIN | Reuterstraße (Neukölln)
116: Mitte links: ELLI | Fundort unbekannt
116: Mitte rechts: JAN | Kreuzberg
116 unten: GIANNI | Brachvogelstraße (Kreuzberg)
117: oben: KATHARINA Monbijoupark (Mitte)
117: unten: JAN | Okerstraße (Neukölln)
118: oben NOTES OF BERLIN | Hackescher Markt (Mitte)
118: Mitte: GESINE | Kienitzer Straße (Neukölln)
118: unten links: MAX | Wedding
118: unten rechts: NIC | Schinkestraße (Neukölln)

Feierei

119: REP_IER | Reinickendorf
120: oben: OXY MORON | Ahlbecker Straße (Prenzlauer Berg)
120: unten links: SYDNEY | Frohnau
120: unten rechts: LARS | Fundort unbekannt
121: oben: ROMINA | Gastbeitrag aus Essen
121: unten links: SCHNEEHENRY | Groninger Straße (Wedding)
121: unten rechts: J. SCHWADERER | Prenzlauer Berg
122: oben links: KAI | Kreuzberg
122: oben rechts: TOBI | Friedrichshain
122: unten: NILS | Triftstraße (Wedding)
123: HERR SIEH | Spandau
124: LUPUS INFABULA | Niederschönhausen

Adbusting

125: TOM | Treptow
125: unten links: NATSCH | Danziger Straße (Prenzlauer Berg)
125: unten rechts: HORST | U-Bahnhof Magdalenestraße (Lichtenberg)
126: oben links: WOLF | Julius-Leber-Brücke (Schöneberg)
126: oben rechts: LEYLA | Sonnenallee (Neukölln)
126: unten links. KEVIN | Neukölln
126: unten rechts: USCHI | Belziger Straße (Schöneberg)
127: oben: SEBASTIAN | Kottbusser Damm (Neukölln)
127: Mitte: LILLIE | S-Bahn Berlin
127: unten: MOKUS | Torstraße (Mitte)
128: oben links: STEFFI | Dolziger Straße (Friedrichshain)

128: oben rechts: JOHANNES | Gastbeitrag aus Tübingen
128: unten: VATIS BESTER | Schönhauser Allee (Prenzlauer Berg)

Schilder-Guerilla

129: oben: NINA MAVERICK | Böckhstraße (Kreuzberg)
129: unten: KURT | Körtestraße (Kreuzberg)
130: oben: STEPH | Schönhauser Allee (Prenzlauer Berg)
130: unten: SKADI | Unter den Linden (Mitte)
131: oben: VERA | Friedrichstraße (Mitte)
131: Mitte: AMBROSIUS | Kantstraße (Charlottenburg)
131: unten: INGA | Okerstraße (Neukölln)
132: oben: KAMI | U-Bahnhof Hermannplatz (Neukölln)
132: unten: ORANIE APPLEBUM | Biebricher Straße (Neukölln)

Vor der Kneipe

133: MARIA | Stuttgarter Platz (Charlottenburg)
134: oben links: SÖREN JONSSEN | Kannerstraße (Neukölln)
134: oben rechts: LENA | Reichenberger Straße (Kreuzberg)
134: unten links: EGON | Weserstraße (Neukölln)
134: unten rechts: WIN | Kottbusser Straße (Kreuzberg)
135: oben: CLAUDIA | Schwedenstraße (Mitte)
135: unten links: INA | Schönhauser Straße (Pankow)
135: unten rechts: JULIAN | Greenwichpromenade (Tegel)
136: oben links: ANNA | Bergmannstraße (Kreuzberg)
136: oben rechts: MAJA | Rüdesheimer Platz (Wilmersdorf)
136: unten links: SIMON | Unter den Linden (Mitte)
136: unten rechts: TEICHPIRAT | Möllendorffstraße (Lichtenberg)
137: GESA | Kaiserin-Augusta-Allee (Charlottenburg)
138: oben: ANNE | Lenbachstraße (Friedrichshain)
138: unten links: SCHOTTI | Gastbeitrag aus Bremen
138: unten rechts: DAVID | Fehrbelliner Straße (Mitte)

Zum Mitnehmen

139: oben: MODEFIER | Greifswalder Straße (Prenzlauer Berg)
139: unten links: NOTES OF BERLIN | Karl-Marx-Straße (Neukölln)
140: oben links: FRAUKE | Oranienburger Straße (Mitte)
140: oben rechts: RAHEL | Schönhauser Allee (Prenzlauer Berg)
140: unten links: RACHEL | S-Bahnhof Blankenburg (Pankow)
140: unten rechts: KAMI | U-Bahnhof Strausberger Platz (Friedrichshain)
141: oben links: RALPH | Apostel-Paulus-Straße (Schöneberg)
141: oben rechts: DIE TAUSCHLADE | Boxhagener Straße (Friedrichshain)

141: unten: CLAUDIA | Beuth-Hochschule, Luxemburger Straße (Wedding)
142: oben links: NIKLAS | Knaackstraße (Prenzlauer Berg)
142: oben rechts: ALEX | Simon-Dach-Straße (Friedrichshain)
142: unten: PAULA | Mauerpark (Prenzlauer Berg)

Scheiß der Hund drauf

143: oben: NINA | Immanuelkirchstraße (Prenzlauer Berg)
143: Mitte: SULAMITH SALLMANN | Grüntaler Straße (Wedding)
143: unten rechts: DER SHERIFF | Herrfurthstraße (Neukölln)
144: oben: SÖREN | Lehmbruckstraße (Friedrichshain)
144: unten links: ISSYVOO | Grimmstraße (Kreuzberg)
144: unten rechts: FELIX | Fidicinstraße (Kreuzberg)
145: oben: ANJA | Ostseestraße (Weißensee)
145: Mitte: MINNA | Neukölln
145: unten: MARIONETTE74 | Reissstraße (Siemensstadt)
146: oben: DIGITAL NATIVE | Charlottenburg
146: Mitte: CHARLOTTE | Schönhauser Allee (Prenzlauer Berg)
146: unten: CHRIS | Malplaquetstraße (Wedding)

Sex in the city

147: oben: STEFAN H. | Ritterstraße (Kreuzberg)
147: unten: JULIA | Kopernikusstraße (Friedrichshain)
147: oben links: MAX | Friedrichshain
147: oben rechts: DOREEN | Ebertystraße (Friedrichshain)
147: Mitte: MARCO | Studentenwohnheim, Aristotelessteig (Karlshorst)
147: unten: PINPIN | Studentenwohnheim, Fundort unbekannt
148: oben: JOHANNES | Kreuzberg
148: unten: M.ICHEL | Karl-Marx-Straße (Neukölln)
149: oben: ANDREA | Sternstraße (Wedding)
149: Mitte: MALTE | Kottbusser Damm (Neukölln)
149: unten: EMANUEL | Matternstraße (Friedrichshain)

Mobil durch die Stadt

151: BASTIAN | U1
152: oben links: JULIA | M10
152: oben rechts: ANONYM | U6
152: Mitte ELI | S42
152: unten links: HANS | U7
152: unten Mitte: SUSI | U8
152: unten rechts: KIA | U5
153: oben: TOBIAS | Kreuzberg
153: unten links: CHRIS | Fundort unbekannt
153: unten rechts: BJÖRN | S8
154: DER NETTE TYP | Frankfurter Allee (Friedrichshain)

Das musste mal gesagt werden

157: oben: MITCHIRU | Siegfriedstraße (Neukölln)
157: unten: ANDI | Mainzer Straße (Friedrichshain)
158: oben: ATZE | Chausseestraße (Mitte)
158: unten: LIG | Supermarkt, Hackescher Markt (Mitte)
159: oben links: SOUSAMI | Knaackstraße (Prenzlauer Berg)
159: oben rechts: ALLITERATIONALLERGIKER | Kronenstraße (Mitte)
159: unten: SAMUEL | Gustav-Müller-Straße (Schöneberg)
160: oben: RAINER | Revaler Straße (Friedrichshain)
160: Mitte: RALF | Schönhauser Allee (Prenzlauer Berg)
160: unten: KARI | Neukölln
161: oben links: OLE | Lausitzer Platz (Kreuzberg)
161: Mitte: TUTTO BENE | Admiralstraße (Kreuzberg)
161: unten: EQUINOX | Mohrenstraße (Mitte)
162: oben links: JANNIS | Ludwigkirchplatz (Wilmersdorf)
162: oben rechts: EMRAH | Wildenbruchplatz (Neukölln)
162: Mitte links: ANWAG | Supermarkt, Brunnenstraße (Wedding)
162: unten links: FREESTYLER | Kienitzer Straße (Neukölln)
162: unten rechts: ERMI | Prenzlauer Berg
163: ANNE MANNE | Pankow
164: oben: JESSICA | S-Bahnhof Hirschgarten (Köpenick)
164: Mitte: LIA | Rykestraße (Prenzlauer Berg)
164: unten: PETER | Wedding

Zu verschenken

165: JETZT NOCH BESSER | Oderberger Straße (Prenzlauer Berg)
166: oben: ISABEL | Hochkirchstraße (Schöneberg)
166: unten: SILKE | Friedrichshain
167: oben links: ROMYNA | Hobrechtstraße (Neukölln)
167: oben rechts: ANITA | Grünberger Straße (Friedrichshain)
167: unten links: MARTIN | Rigaer Straße (Friedrichshain)
167: unten rechts: NADJA | Stuttgarter Straße (Neukölln)
168: oben: BORIS | Wilmersdorf
168: unten links: STEFAN | Fundort unbekannt
168: unten rechts: MITCHIRU | Körnerpark (Neukölln)
169: oben links: ANNE | Mexikoplatz (Schlachtensee)
169: oben rechts: JOSY | Lichtenberg
169: unten: ANJA | Pankow
170: oben: BENI | Naunynstraße (Kreuzberg)
170: Mitte links: ASTRID | Neukölln
170 Mitte rechts: SAHARAO | Seydlitzstraße (Moabit)
170: unten: KANTE | Simon-Dach-Straße (Friedrichshain)

Dit is Berlin, wa!

171: SCHNUPSI | Elbestraße (Neukölln)
172: oben: KONSTRUKT | Boxhagener Straße (Friedrichshain)
172: unten links: ALEXANDER | Levetzowstraße (Moabit)

Die Zusammentragung der Bildnachweise mit Angaben zu
den Einsendern sowie der jeweiligen Fundorte erfolgte
mit großer Sorgfalt. Irrtümer sind aber leider nie aus-
zuschließen. NOTES OF BERLIN bittet um Verständnis,
sollte es zu welchen gekommen sein.

Auch eine NOTE entdeckt?

notes@notesofberlin.com ist die E-Mail-Adresse für alle Fundstücke aus Berlin.
notes@notesofgermany.com für alle Fundstücke außerhalb von Berlin.

Danksagung

Ich danke allen Bewohnern, Freunden, Gästen und Touristen Berlins für die lebendige
Alltagskulturkommunikation in Form von Zetteln und Beschriftungen jeglicher Art.

Insbesondere danke ich auch all jenen, die NOTES OF BERLIN bis hierhin unterstützt haben.
Sei es durch Beratung, Kritik, Mundpropaganda oder durch das Einsenden von NOTES.

Und ein herzliches Dankeschön an Doreen, für das Lektorat und den fruchtbaren
Austausch.

NOTES OF BERLIN

ist eine Hommage an all die Notizen,
die Berlin tagtäglich im Stadtbild hinterlässt.
Jeder kann mitmachen
und seine eigenen Fundstücke einreichen!

→ www.notesofberlin.com
→ Instagram: notesofberlin / #notesofberlin
→ Facebook: Notes of Berlin
→ Twitter: Notes of Berlin

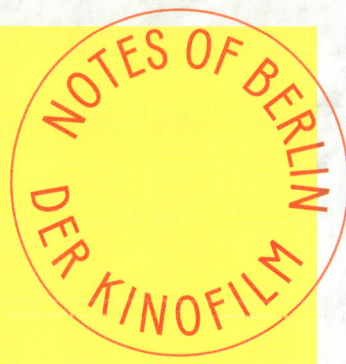

Mit
»Notes of Berlin – der Film«
kommt 2016 die erste Verfilmung eines Blogs in die Kinos!

Tagtäglich passieren in Berlin die verrücktesten Geschichten. Zahlreiche davon landen auf den kleinen Aushängen, die unsere Hauptstadt so bunt und lebendig machen. »Notes of Berlin – der Film« greift die schönsten Zettel des Erfolgsblogs auf und erzählt die Geschichten, die sich dahinter verbergen. Wir lernen zum Beispiel den allein durch Berlin wandelnden Hund Baader und die wahre Queen of Berlin kennen und lassen uns mit ihnen durch die Großstadt treiben. Seine erzählerische Kraft erhält der Episodenfilm durch die typischen Berliner Charaktere, die Atmosphäre der Großstadt sowie den einmaligen Witz der Zettelaushänge. Dieser Spielfilm ist so schön wie die Nacht, so strahlend wie der Tag, so aufregend wie ein Tanz durch die Clubs der Stadt – Berlin, wie wir es noch nie gesehen haben!

Ab Sommer 2016 im Kino.

Weitere Infos finden Sie unter: www.notesofberlin-filmlab.com